새로 쓰는
초등
수학 교과서

## 새로 쓰는 초등 수학 교과서
**백분율**
ⓒ나온교육연구소, 2007

**초판 1쇄 펴낸날** 2007년 7월 10일
**초판 3쇄 펴낸날** 2016년 11월 10일

**지은이** 나온교육연구소
**펴낸이** 이건복
**펴낸곳** 도서출판 동녘

**전무** 정락윤
**주간** 곽종구
**편집** 구형민 최미혜 이환희 사공영
**미술** 조하늘 고영선
**영업** 김진규 조현수
**관리** 서숙희 장하나

**일러스트레이션** 이경민  **사진** 김세영
**인쇄·제본** 영신사  **라미네이팅** 북웨어  **종이** 한서지업사

**등록** 제311-1980-01호 1980년 3월 25일
**주소** (10881) 경기도 파주시 회동길 77-26
**전화** 영업 031-955-3000  편집 031-955-3005  전송 031-955-3009
**블로그** www.dongnyok.com  **전자우편** editor@dongnyok.com

ISBN 978-89-7297-533-5 73410
ISBN 978-89-7297-532-8 (세트)

- 잘못 만들어진 책은 바꿔 드립니다.
- 책값은 뒤표지에 쓰여 있습니다.
- 16~17쪽의 세계 지도는 영진문화사에서 사용 허가를 받았습니다.
- 99쪽의 서울 시청 앞 서울광장 사진은 중앙일보에서 사용 허가를 받았습니다.
- 108쪽의 꼬리의 반란 기사는 중앙일보에서 사용 허가를 받았습니다.
- 책에 실린 모든 자료의 저작권 문제 해결을 위해 최선의 노력을 다했지만, 누락된 것이 있을 경우 알려주시면 해당 저작권자와 적법한 계약을 맺을 것입니다.
- 이 도서의 국립중앙도서관 출판시도서목록(CIP)은 e-CIP홈페이지(http://www.nl.go.kr/ecip)와 국가자료공동목록시스템(http://www.nl.go.kr/kolisnet)에서 이용하실 수 있습니다.
  (CIP제어번호: CIP2007001913)

새로 쓰는

# 초등 수학 교과서
## 백분율

박영훈 책임집필 · 나온교육연구소 지음

동녘주니어

# 어린 수학자들에게

《새로 쓰는 초등 수학 교과서》에 발을 디딘 어린이 여러분을 환영합니다. 책 이름이 왜 《새로 쓰는 초등 수학 교과서》일까요? 첫 장을 펼치면서 보통 수학 책과는 다르다고 느낄 거예요. 때로는 초원의 목장에서, 인도네시아의 발리 섬에서, 백화점에서, 그리고 이상한 나라의 앨리스가 여러분을 수학의 세계로 초대하니까요.

수학도 다른 과목처럼 우리 생활과 밀접한 관련이 있는 과목입니다. 그래서 일상생활에서 수학을 시작하고 자연스럽게 수학의 세계를 찾아갈 수 있도록 이 책을 꾸몄답니다. 책 여행을 마칠 때쯤이면 우리가 살고 있는 세상이 좀 더 새로운 모습으로 나타날 거예요. 또한 수학자들이 느꼈던 놀라운 자연의 법칙과, 수학자들이 만들어 놓은 수학의 법칙이 가득 들어 있는 세상을 마음껏 느낄 수 있겠지요.

새로운 수학이니까 새로운 방법으로 공부해야겠지요?
우선 이야기를 많이 하세요. 생각나는 대로 많은 이야기를 펼쳐 놓으세요. 그리고 다른 사람의 이야기를 귀 기울여 들으세요. 부모님, 선생님, 그리고 다른 친구가 하는 이야기를 잘 들어 보세요. 잘 듣는 사람이 이야기도 잘 할 수 있답니다.

그 다음은 많이 읽으세요. 읽으면서 상상의 나래를 펼쳐 보세요. 그리고 써 보세요. 생각나는 대로 자꾸 쓰다 보면 어느새 여러분의 실력이 쑥쑥 올라갑니다.

《새로 쓰는 초등 수학 교과서》를 펼치고 수학 공부를 새롭게 하는 모습을 떠올리면서 여러분 모두가 어린 수학자가 되기를 바랍니다.

2007년 7월 10일
박영훈

어린이 여러분!
수학의 눈으로
세상을 함께 봅시다.

# 이 책을 활용하는 방법

### 본문+활동지

이 책에 있는 삽화들, 본문의 글들에는 문제를 풀 수 있는 열쇠들이 숨어 있답니다. 그러므로 삽화들이나 본문의 글들을 그냥 지나치면 안돼요. 꼼꼼히 살펴보세요. 그리고 활동지를 이용할 때에는 책과 함께 놓고 이용하세요. 여러 문제들에 하나의 활동지를 이용할 수도 있으니까 버리지 말고 잘 보관해 둡니다.

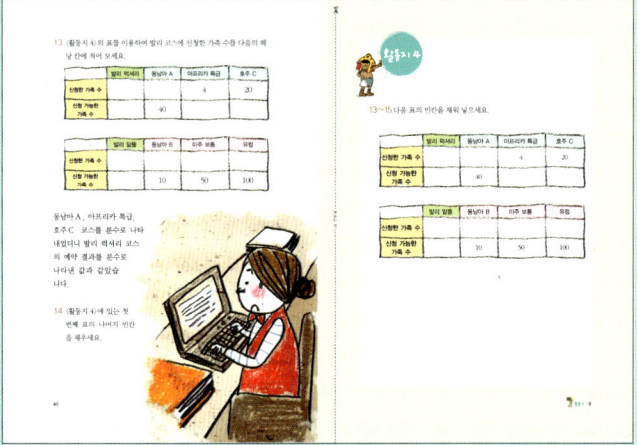

### 연습 문제

여러분이 배운 내용을 다시 한 번 풀어보는 시간입니다. 본문에서 접했던 상황과 다른 상황에서의 문제를 풀어보면서 실력을 다져가는 부분입니다. 너무 어렵다고 생각되세요? 그렇다면 본문으로 돌아가 어떻게 문제를 해결했는지 꼼꼼히 살펴보세요.

내 이름은 호루스랍니다.
나는 고대 이집트에서 태양신으로 숭배를 받았지요.
아버지는 죽음과 부활의 신 오시리스이고 어머니는 여신
이시스이지요. 내 머리에 있는 매의 날카로움과 강인함으로
여러분과 함께 수학의 세상을 헤쳐 나가려고 합니다.
지금부터는 여러분의 친구가 될게요.
여러분 반갑습니다.

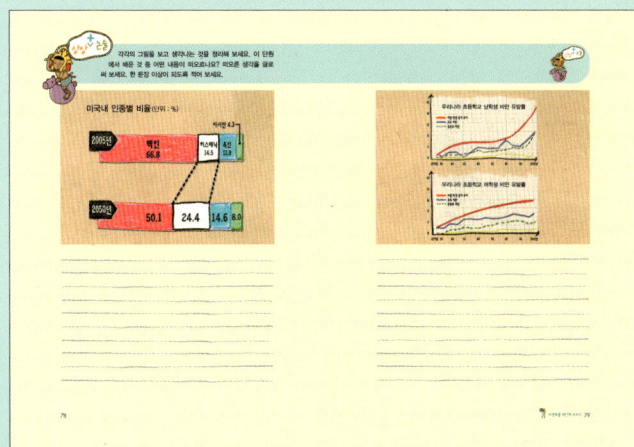

### 상상+논술

여러분이 배운 내용과 관련 있는 그림입니다. 배운 내용으로 재미있는 글을 써 보세요. 문제만 푸는 것이 수학은 아니랍니다. 글 또는 이야기로 수학을 표현할 수 있다면 더욱 좋겠지요. 연습해 보세요. 요즘 많이들 이야기 하는 수리논술, 논술, 구술이 바로 이런 거랍니다. 너무 어려워하지 마세요.

### 길잡이 책

길잡이 책은 부모님이 보는 책입니다. 《새로 쓰는 초등 수학 교과서》를 아이들이 어떻게 보고 풀어야 하는지에 대한 지도 방향이 나와 있습니다. 부모님이 생각하기에 수학문제답지 않은 것도 있습니다. 그러나 이것들은 아이들이 수학적인 상황에 다가가게 하기 위한 기초 문제로, 부모님께서 도와 주셔도 좋습니다.

# 저자 소개

**오혜정** 선생님

학생들이 수학을 통해 세상을 보도록 하자! 세상을 보기 위한 수학을 만들어보자! 이런 마음들이 모여서 이 작업을 시작했습니다. 수학의 목적이 문제풀이일 수 없으며, 수학책은 공식을 유형별로 정리하여 그것을 암기시키는 장치가 아니라는 사실을 알려주고 싶었습니다. 어렵고 힘든 작업이었던 만큼, 제 자신도 얻은 것이 많았습니다. 저 역시 수학을 통해 세상을 본다는 것이 무엇인지 다시 생각할 수 있는 기회였습니다. 우리가 만든 이 작품을 통해 수학을 문제풀이라고 생각하는 많은 친구들에게 새로운 얘기를 들려주고 싶습니다. 수학은 세상을 보는 나침반이라는 것을.

**이미경** 선생님

아이들이 정말 즐겁게 공부할 수 있는 수학책이 없을까? 오랜 시간 그런 수학책이 출간되기를 염원했습니다. 여러 선생님들과 1년이 넘는 시간을 함께 고민하고 만들었습니다. 아이디어가 떠오르지 않아 머리를 쥐어뜯던 시간들은 힘들었지만 한편으로는 즐거운 시간이었습니다. 여러분들도 그 즐거운 고통을 함께 느껴 보세요.

**배수경** 선생님

그냥 공식을 외우고 숫자를 집어넣어 답을 구해내는 과정을 수학이라고 생각하는 친구들이 많습니다. 하지만 그런 생각에서 벗어나지 않으면 수학은 그야말로 알 수 없는 외계어로 쏘아대는 무서운 괴물과도 같지요. 수학도 처음에는 우리 주위의 거칠고 다듬어지지 않은 작은 것에서 씨앗을 틔워, 논리적으로 생각하는 힘에 의해 예쁘게 열매를 맺는 것입니다. 왜 그런지 그 근원부터 차근차근 설명해 준다면, 생각할 줄 아는 우리 친구들은 누구나 아하~! 하고 고개를 끄덕이게 될 거라는 믿음을 갖고 이 책을 만들었습니다.

### 박영훈 선생님

우리나라는 짧은 시간 내에 선진국으로 진입을 앞둔 성공적인 나라로 세계 사람들이 인정하고 있습니다. 이는 국가가 주도한 덕택입니다. 하지만 이제는 환경, 경제, 정치 등의 여러 분야에서 국가를 제치고 시민들이 발 벗고 나서기 시작했습니다. 교육도 예외일 수는 없죠. 대안학교를 비롯한 교육의 여러 분야에서 시민들의 활동이 눈에 보이기 시작했습니다. 그러나 어떤 내용의 교육을 할 것인가에 대한 움직임은 보이지 않습니다. 교과서는 국가가 만들어 주는 것이라 여겼던 탓이죠.

이 책은 여기에 의문을 품은 선생님들이 모여서 만든 교과서입니다. 잡다한 수학의 뒷이야기들만 모아 감성에만 호소하는 책들이 서점에 널려 있는 것을 안타깝게 생각하던 선생님들이 모였습니다. 그래서 국가가 아닌 시민들이 만든 수학 교과서라고 자랑스럽게 소개합니다. 이 책은 몇몇 분들이 책상에 모여 앉아 머리로만 만들었던 그런 교과서가 아닙니다. 직접 교실에서 우리의 아이들과 함께 토론하며 완성한 책입니다.

### 여태경 선생님

서점에 가면 '수학'이라는 말이 들어있는 책에 가장 먼저 눈이 갑니다. 신문을 볼 때도 '수학'이라는 말이 있으면 모두 오려 둡니다. 생활 속의 수학은 어찌도 그리 쉽고 재미있는지요. 하지만 교실에서의 수학은 왜 그리도 지루하고 따분한지요. 친근한 수학책을 쓰고 싶었습니다. 머리가 아프지 않은 수학책을 만들고 싶었습니다. 그래서 즐겁고 재미있고 친근한 수학을 여기에 소개합니다.

### 안수진 선생님

수학을 왜 배울까 질문하는 학생들에게 대답을 해주는 책을 만들고자 했습니다. 아이들이 생활 속에서 혹은 상상할 수 있는 상황 속에서 수학적인 개념을 직접 만들어 나갈 때, 아이들에게 수학적인 힘과 사고하는 힘이 생길 것이라고 생각합니다.

# 차례

**첫 번째 이야기_ 여행을 떠나요!**

1. 여행 준비를 철저히! · 14
2. 슈퍼마켓에는 먹을 것도 많고 할인도 많고 · 22

**두 번째 이야기_ 선택은 내 맘? 네 맘?**

1. 발리 여행도 가지가지! · 36

**세 번째 이야기_ 퍼센트를 계산해 보자구**

1. 대~한민국! 짝짝짝짝짝 · 60
2. 할인 카드로 배부르게, 재미있게 · 64
3. 내 포인트는 얼마야? · 68

## 네 번째 이야기_ 할인에 또 할인을

1. 쇼핑을 하자 · 80
2. 골라~ 골라~ · 86
3. 자동차는 배고프면 주유소를 가지! · 89
4. 광고 전단지는 정보 덩어리 · 92
5. 스피드~ 스피드~ 업! · 96
6. 축구 응원하러 모여모여 · 98
7. 우리나라 살림살이는 어떻게? · 102

첫 번째 이야기

# 여행을 떠나요!

여행을 준비하면서 '퍼센트(%)'라는 용어가
우리 생활 곳곳에 자리 잡고 있음을 깨닫게 됩니다.
그리고 생활에서 사용하는 퍼센트의 의미를 생각해 보고,
감각적으로 어림하기 쉬운 몇 가지 퍼센트를
다루어 봅니다. 기억하세요, 정확한 계산이 아니라
감각적으로 어림한다는 사실을!

# 1. 여행 준비를 철저히!

부모님의 결혼 15주년을 맞이하여 은주네 식구는 발리로 가족 여행을 하기로 했습니다. 발리는 인도네시아 남부에 있습니다.

은주와 동생 은기는 엄마와 함께 백화점에 가서 필요한 물건을 사기로 했습니다.

1. 여행에 필요한 물건들을 적어 보세요. 어떤 것들이 필요할까요?

_____
_____
_____

지도에서 발리를 찾아봅시다.

2 서울에서 발리까지 대략 몇 킬로미터(km)인가요?

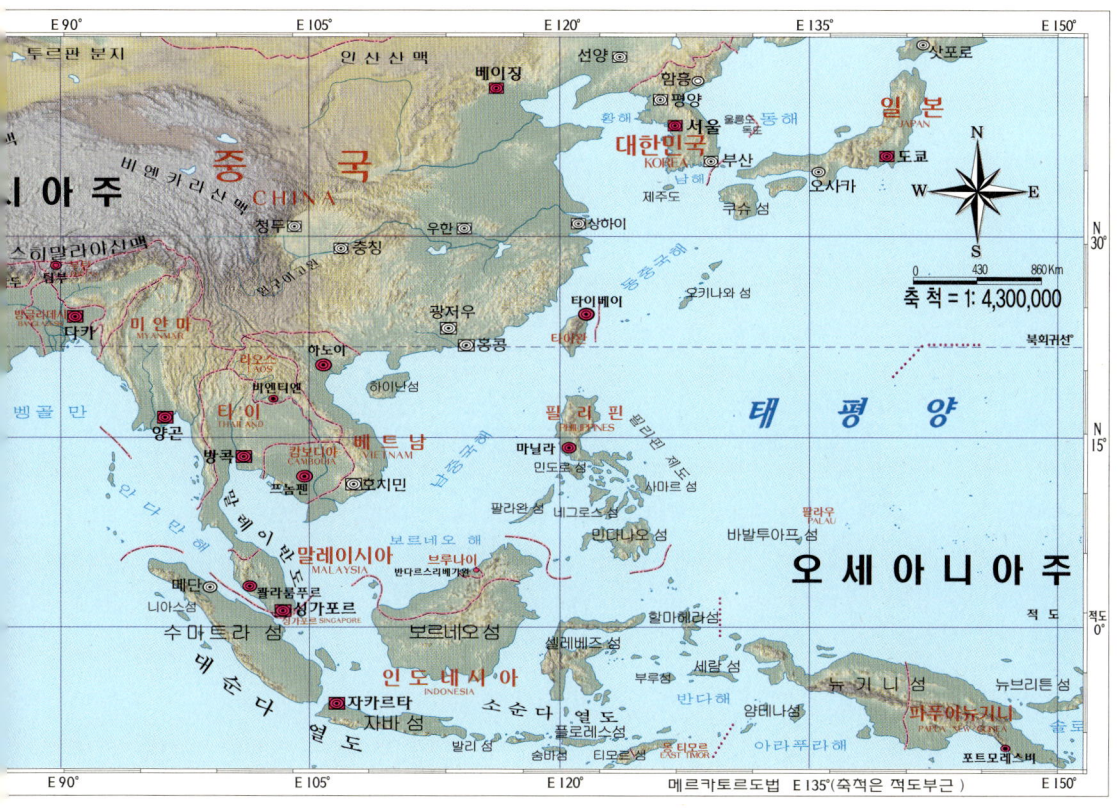

3    우리나라와 발리 중 어느 곳의 시각이 더 빠를까요? 그렇게 생각하는 이유를 설명해 보세요.

서울에서는 한낮에 태양이 남쪽에서 보입니다.

4    발리에서 낮 1시쯤 태양을 쳐다본다면, 동서남북 중 어느 쪽에 있을까요?

외출 준비를 하고 있는데, TV에서 오늘의 날씨를 방송하고 있습니다.

5  여러분이라면 우산을 가져가겠습니까, 그냥 가겠습니까? 그 이유를 설명해 보세요.

_____
_____
_____

6  '비 올 확률'이라는 말은 어떤 뜻으로 사용한다고 생각하나요?

_____
_____
_____

백화점에 도착한 은주와 은기는 가장 먼저 신발 코너에 갔습니다. 은주가 마음에 드는 스니커즈를 골랐습니다. 12만원이라고 합니다. 엄마는 8만원을 넘으면 사 주지 않겠다고 했습니다.

7   (1) 은주가 할인 받은 금액은 얼마일까요?

    (2) 은주는 스니커즈를 살 수 있을까요? 왜 그렇게 생각하는지 짧은 글로 써 보세요.

은기도 운동화를 골랐습니다. 똑같이 50% 할인을 하고 있습니다.

8  은기는 4만원을 할인 받았습니다.
   (1) 은주와 은기 중에서 누가 더 이득을 보았나요?

   (2) 같은 퍼센트로 할인을 받았는데, 왜 가격이 서로 다를까요? 그 이유를 설명해 보세요.

구두 코너로 간 엄마도 여행할 때 신고 다닐 샌들을 골랐습니다. 엄마도 4만원을 할인 받았습니다.

9  엄마는 몇 퍼센트 할인을 받은 걸까요? 그렇게 생각하는 이유를 써 보세요.

신발을 사고 백화점을 둘러보던 은주는 지난번 생일 때 아빠가 사 주신 시계와 모양이 같은 시계를 보았습니다.

10 누구의 말이 옳을까요? 은주와 은기의 입장에서 각각 설명해 보세요.

은주의 입장 : _____

은기의 입장 : _____

## 2. 슈퍼마켓에는 먹을 것도 많고 할인도 많고

백화점 쇼핑을 마친 은주와 가족들은 지하 슈퍼마켓에 들르기로 했습니다. 슈퍼마켓의 식품 코너에서는 문 닫을 시간이 가까워질수록 할인율을 올립니다.

1. 왼쪽 시계 그림은 가, 나, 다의 그림 중 어디에 해당할까요? 그렇게 생각하는 이유도 말해 보세요.

은주는 슈퍼마켓 입구에 있는 할인 쿠폰을 보았습니다.

2  이 쿠폰을 가지고 초코칩 쿠키를 사려고 합니다. 얼마일까요?

---

은주에게 용돈으로 받은 10000원이 있습니다.

3  이 쿠폰을 가지고 싱그런 오렌지 주스 한 상자를 살 수 있을까요?

---

4 할인 쿠폰을 가지고 살 수 있는 상품을 골라 적어 보세요.

5 이 쿠폰을 가지고 아래의 상품을 모두 사려고 합니다. 돈이 얼마나 필요할까요? 어림해 보세요.

크림 케이크 6800원

라면 묶음 3250원

샴푸 23900원

**6** 바게트 빵을 6개 사려면 몇 개의 가격을 내야 할까요?

베이커리 매장에서는 '덤으로' 행사를 하고 있습니다. 아래 그림은 매장에서 판매하는 파운드케이크의 모양을 그린 것입니다. 파운드케이크는 50퍼센트를 덤으로 준다고 합니다.

**7** 행사 중에 파운드케이크 1개를 산다면 어느 정도의 양을 덤으로 받을 수 있는지 〈활동지 1〉에 그림으로 그려 보세요.

**8** 만일 100퍼센트를 덤으로 준다면 파운드케이크 1개를 살 때 얼마나 더 받을 수 있나요? 〈활동지 1〉에 그림으로 그려 보세요.

## 연습 문제

우리는 일상생활에서 퍼센트를 자주 만납니다. 다음에 나오는 여러 가지 이야기를 읽어 보고 어떤 생각이 떠오르는지 말해 보세요.

1    두 신문의 기사를 살펴봅시다.

두 신문의 제목이 적절한가요? 두 신문이 같은 내용을 보도하고 있는지 이야기해 보세요.

___

2    우정이는 50퍼센트 이상 알아맞혀야하는 평가에서 12문제를 맞혔습니다. 시험 결과를 어머니에게 보여준 우정이는 어머니에게 혼날까요, 칭찬을 받을까요?

___

3  "신문에 흥미로운 기사가 났군. 우리나라 사람들은 여가 시간의 대부분을 TV를 보면서 보낸다고 하네. 74퍼센트나 되는군."
"목욕이나 사우나를 하면서 여가를 보내는 사람은 28퍼센트야."
"동창회나 친목 모임을 하는 경우도 26퍼센트나 되는데."

"그런데 뭔가 좀 이상한걸. 100퍼센트가 넘잖아!"

(1) 대화에서 이상한 부분이 있나요? 만약 있다면 간단히 설명해 보세요.

(2) 만약 결과가 올바르다면 조사 기관에서는 어떤 방법으로 조사했을까요?

**4** 토끼를 따라가다가 굴속에 빠진 앨리스는 몸의 크기가 줄어들었다 커졌다가를 반복합니다. 세 번째 변한 앨리스의 키를 보고, 처음과 비교해서 얼마나 줄어들었는지 말해 보세요. 참고로 원래의 앨리스 키는 124cm입니다. 〈활동지 2〉를 이용하세요.

〈원래의 앨리스〉

124cm    24cm    270cm    60cm

## 상상 ∨ 논술

각각의 그림을 보고 생각나는 것을 정리해 보세요. 이 단원에서 배운 것 중 어떤 내용이 떠오르나요? 떠오른 생각을 글로 써 보세요. 한 문장 이상이 되도록 적어 보세요.

### 영양성분

1회 분량 200㎖ 당

| 1회 분량당 | 함량 | 1회 분량당 | 함량 |
|---|---|---|---|
| 열량 | 75kcal | 지방 | 0.5g(1%) |
| 탄수화물 | 18g(5%) | 철 | 0.4mg(3%) |
| 식이섬유 | 2g(8%) | 칼슘 | 35mg(5%) |
| 단백질 | 2g(3%) | 나트륨 | 160mg(5%) |

※ ( )안의 수치는 1일 영양소 기준치에 대한 비율임.

## 칠교놀이

칠교놀이는 정사각형을 7개의 조각으로 잘라 여러 가지 모양을 만드는 놀이입니다. 유럽이나 미국 사람들은 이 놀이를 '탱그램'이라고 하지요.

칠교놀이는 꽤 오래된 놀이입니다. 중국에서는 이미 5000년 전부터 있었다고 합니다. 우리나라의 오래된 책을 보관하고 있는 장서각에 《칠교해(七巧解)》라는 책이 있는데, 칠교로 만들 수 있는 300여 가지 모양이 그려져 있는 책이라고 합니다. 이것으로 보아 우리나라에서도 이미 오래 전부터 이 놀이를 해 왔다는 것을 알 수 있습니다.

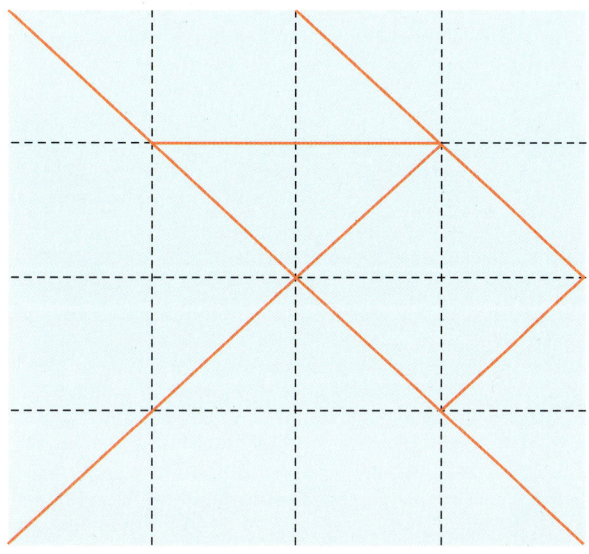

7개의 조각을 직접 만들어 칠교놀이를 해 보면 어떨까요? 위 그림을 보면 알겠지만 만들기가 어렵지는 않아요. 한번 만들어 볼까요? 가로 10cm, 세로 10cm 크기의 두꺼운 종이를 준비합니다. 가로 2.5cm, 세로 2.5cm의 작은 사각형을 그립니다. 그리고 빨간색 선을 그려서 오립니다. 짜잔! 그럼 칠교판이 만들어진답니다. 이제 여러 가지 모양을 만들어 보세요.

두 번째 이야기

# 선택은 내 맘? 네 맘?

비교하고 싶은 두 가지 대상이 있을 때,
비교 대상을 세는 것이 좋은지, 분수로 나타내는 것이 좋은지,
띠그래프가 좋은지, 퍼센트가 좋은지를 알아봅니다.
사람에 따라 차이가 있겠지만, 전체의 양이 다를 때는
수를 세는 것보다 분수, 띠그래프, 퍼센트 등으로 비교하는 것이
편리합니다. 특히 퍼센트는 전체에서 차지하는 양을
하나의 수로 간단히 나타내기 때문에 더 편리합니다.

# 1. 발리 여행도 가지가지!

다음 날 은주네 가족은 여행사를 방문하였습니다. 여행사 직원인 나친절 씨는 발리 관광지를 소개하며, 자세하게 설명해 주었습니다.

"발리 가족용 여행 코스에는 두 가지가 있습니다. 럭셔리 코스와 알뜰 코스이지요."

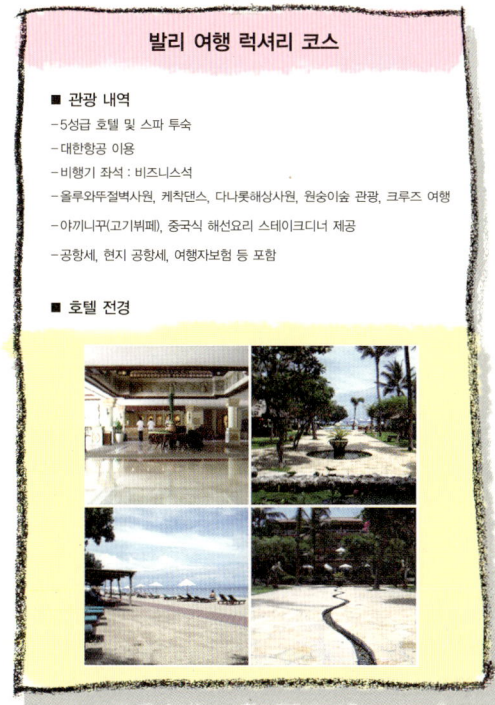

**발리 여행 럭셔리 코스**

■ 관광 내역
- 5성급 호텔 및 스파 투숙
- 대한항공 이용
- 비행기 좌석 : 비즈니스석
- 울루와뚜절벽사원, 케착댄스, 다나롯해상사원, 원숭이숲 관광, 크루즈 여행
- 야끼니꾸(고기뷔페), 중국식 해선요리 스테이크디너 제공
- 공항세, 현지 공항세, 여행자보험 등 포함

■ 호텔 전경

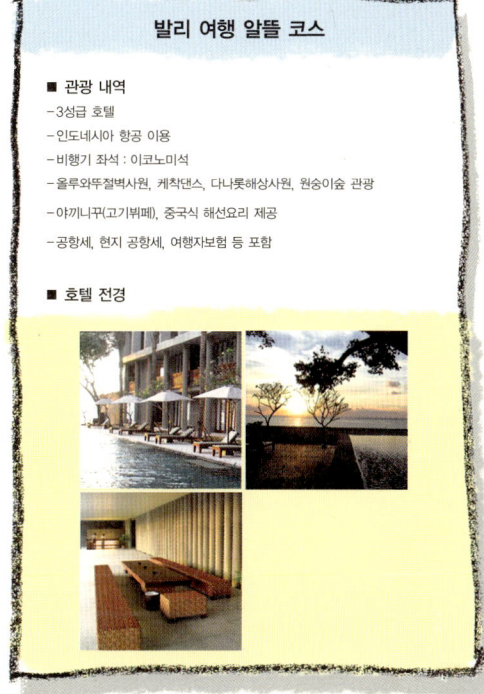

**발리 여행 알뜰 코스**

■ 관광 내역
- 3성급 호텔
- 인도네시아 항공 이용
- 비행기 좌석 : 이코노미석
- 울루와뚜절벽사원, 케착댄스, 다나롯해상사원, 원숭이숲 관광
- 야끼니꾸(고기뷔페), 중국식 해선요리 제공
- 공항세, 현지 공항세, 여행자보험 등 포함

■ 호텔 전경

럭셔리 코스에 비해 알뜰 코스는 다소 저렴합니다.

1. 럭셔리 코스와 알뜰 코스의 차이점이 있나요? 어떤 차이가 있는지 찾아보세요. 왜 그렇게 생각했는지 써 보세요.

여행 상품을 선택하는 데도 고려해야 할 것들이 있습니다.

2   어떤 것을 고려해야 할까요?
    _____
    _____

3   친구들의 답을 모두 모아 〈활동지 3〉에 정리해 보세요. 어떤 점이 같고, 어떤 점이 다른가요?
    _____
    _____

가족 여행은 항공권의 가격, 현지 안내인의 상황 등을 고려해서 여러 가족을 팀으로 묶어서 진행합니다. 나친절 씨는 여러 차례 여행 안내를 해 본 경험을 살려서 여행을 떠날 수 있는 가족의 수를 정했습니다. 이를 신청 가능한 가족 수라고 합시다.

4   신청 가능한 가족 수를 결정할 때 고려해야 할 점으로 어떤 것이 있을까요?
    _____
    _____

아래 그림은 5년 전 기록입니다. 여행을 취소한 가족은 빨간 줄로 그어져 있습니다.

| 럭셔리 코스 신청 가족 | 2002년 |
|---|---|
| ~~홍길동 씨 가족~~ | ~~성춘향 씨 가족~~ |
| 나상순 씨 가족 | ~~박미남 씨 가족~~ |
| 걸리버 씨 가족 | 정영숙 씨 가족 |
| ~~한대명 씨 가족~~ | 최미화 씨 가족 |
| 전재국 씨 가족 | ~~선민민 씨 가족~~ |

| 알뜰 코스 신청 가족 | 2002년 |
|---|---|
| ~~민기재 씨 가족~~ | ~~안열음 씨 가족~~ |
| 박남수 씨 가족 | ~~송삼식 씨 가족~~ |
| 방방진 씨 가족 | 공미희 씨 가족 |
| 설민국 씨 가족 | ~~정정철 씨 가족~~ |
| 여태숙 씨 가족 | 전두민 씨 가족 |
| ~~오정연 씨 가족~~ | 채숙자 씨 가족 |
| 박훈식 씨 가족 | 하재정 씨 가족 |
| 이미자 씨 가족 | 현태일 씨 가족 |
| ~~안수정 씨 가족~~ | 유리상 씨 가족 |
| ~~김시진 씨 가족~~ | 강감찬 씨 가족 |
| 배경수 씨 가족 | ~~나은설 씨 가족~~ |
| 박재이 씨 가족 | 천민경 씨 가족 |
| 양나영 씨 가족 | 고소해 씨 가족 |
| 김금수 씨 가족 | 김현진 씨 가족 |
| 이이슬 씨 가족 | 나귀찬 씨 가족 |
| 나육경 씨 가족 | 박반숙 씨 가족 |
| 최정희 씨 가족 | 김효성 씨 가족 |
| 박삼진 씨 가족 | ~~정찬숙 씨 가족~~ |
| ~~백사랑 씨 가족~~ | 김감찬 씨 가족 |
| 강오공 씨 가족 | 박은실 씨 가족 |

5  여행사는 각 코스별로 신청 가능한 가족 수를 몇 가족으로 구성했나요?

> 우리 여행사에서는 충분히 시장조사를 해서 전체 코스의 비용을 알맞게 정했어요. 그런데도 아직 럭셔리 코스를 부담스러워 하더라고요.

럭셔리 코스 :

알뜰 코스 :

6  각 코스별로 실제로 신청한 가족 수를 구해 보세요.

럭셔리 코스 :

알뜰 코스 :

7  5년 전에는 사람들이 두 코스 중 어느 쪽을 더 많이 신청했다고 생각하나요? 왜 사람들이 그 코스를 많이 신청했을까요?

## 너이거알아? 천분율이란 무엇일까요?

천분율은 $\frac{1}{1000}$을 뜻하고, 퍼밀(‰)로 표시합니다. 주로 바닷물의 염분을 표시할 때 사용합니다. 바닷물 1L 안에 소금이 35g 들어 있다면 이것을 35‰로 나타냅니다. 만약 바닷물 농도를 %를 사용하여 나타낸다면, 100㎖ 속에 소금이 3.5g 들어 있으므로 3.5%라고 표시해야 합니다. 3.5%가 35‰보다는 좀 더 복잡해 보이지요?

나친절 씨는 계약 상황을 사장님께 보고해야 합니다. 아래는 나친절 씨가 만든 보고서입니다.

**2002년 발리 여행 신청자 중간 보고서**

| 날짜 | 여행 코스 | 신청한 가족 수 |
|---|---|---|
| 5월 21일 | | |
| 5월 21일 | | |

8  보고서의 빈 칸에 알맞은 분수를 적어 보세요.

9  각 코스에 신청한 가족 수를 띠그래프로 나타내 보세요.

0　　　　　　　　　　　　　　　　　　　　10

〈럭셔리 코스〉

0　　　　　　　　　　　　　　　　　　　　40

〈알뜰 코스〉

10  신청 가능한 가족 수보다 실제 신청한 가족 수가 적은 코스는 무엇인가요? 그렇게 생각한 이유를 써 보세요.

회사 사정이 어려워진 여행사 사장님은 여행 코스 중 일부를 없애려고 합니다.

**11** 여러분이 사장님이라면 어느 코스를 없애겠습니까? 왜 그렇게 생각했는지 그 이유를 써 보세요.

아래 그림은 2년 전 기록입니다. 빨간 줄로 그은 가족은 여행을 취소한 가족입니다.

| 럭셔리 코스 신청 가족 | 2005년 |
|---|---|
| 홍길동 씨 가족 | 성춘향 씨 가족 |
| 황신혜 씨 가족 | ~~신민경 씨 가족~~ |
| 걸리버 씨 가족 | 이수정 씨 가족 |
| 노현정 씨 가족 | 양건건 씨 가족 |
| 키다리 씨 가족 | 신호민 씨 가족 |
| 부시시 씨 가족 | 배기환 씨 가족 |
| ~~일만해 씨 가족~~ | 김진이 씨 가족 |
| 박문수 씨 가족 | 문수란 씨 가족 |
| 양규목 씨 가족 | ~~김미주 씨 가족~~ |
| 김수영 씨 가족 | ~~금시덕 씨 가족~~ |

| 알뜰 코스 신청 가족 | 2005년 |
|---|---|
| 양가영 씨 가족 | 나상실 씨 가족 |
| 이미경 씨 가족 | 연하인 씨 가족 |
| 김금순 씨 가족 | 최이우 씨 가족 |
| 장정윤 씨 가족 | 차우리 씨 가족 |
| 이서진 씨 가족 | 김일월 씨 가족 |
| 오진지 씨 가족 | 진경아 씨 가족 |
| 이별양 씨 가족 | 강순자 씨 가족 |
| 정석진 씨 가족 | 박재리 씨 가족 |
| 양재혁 씨 가족 | 하경진 씨 가족 |
| 김수미 씨 가족 | 유영희 씨 가족 |
| 조혜연 씨 가족 | 박한울 씨 가족 |
| 도지민 씨 가족 | 다하나 씨 가족 |
| 임춘자 씨 가족 | 시금주 씨 가족 |
| 김명진 씨 가족 | 정몽몽 씨 가족 |
| 이미영 씨 가족 | 장금석 씨 가족 |

> 다행히 두 코스 모두 살리기로 했어요. 그런데 2년 전부터 럭셔리 코스에 사람이 몰리더군요. 그래서 이 코스에 신청할 수 있는 가족 수를 늘렸죠.

**12** 럭셔리 코스와 알뜰 코스에 신청한 가족 수를 각각 구해 보세요.

**13** 〈활동지 4〉의 표를 이용하여 발리 코스에 신청한 가족 수를 다음의 해당 칸에 적어 보세요.

|  | 발리 럭셔리 | 동남아 A | 아프리카 특급 | 호주 C |
|---|---|---|---|---|
| 신청한 가족 수 |  |  | 4 | 20 |
| 신청 가능한 가족 수 |  | 40 |  |  |

|  | 발리 알뜰 | 동남아 B | 미주 보통 | 유럽 |
|---|---|---|---|---|
| 신청한 가족 수 |  |  |  |  |
| 신청 가능한 가족 수 |  | 10 | 50 | 100 |

동남아 A, 아프리카 특급, 호주 C 코스를 분수로 나타내었더니 발리 럭셔리 코스의 예약 결과를 분수로 나타낸 값과 같았습니다.

**14** 〈활동지 4〉에 있는 첫 번째 표의 나머지 빈칸을 채우세요.

동남아 B, 미주 보통, 유럽 코스의 경우도 발리 알뜰 코스의 예약 결과와 같다고 합니다.

15 〈활동지 4〉에 있는 두 번째 표의 나머지 빈칸을 채우세요.

또다시 여러 코스 중에서 몇 개를 없애야 할 상황이 되자 사장님은 발리를 여행하는 두 개의 코스 중 하나를 없애기로 했습니다.

16 두 코스에 신청한 가족 수를 띠그래프로 나타내세요.

0                                        20

〈럭셔리 코스〉

0                                        30

〈알뜰 코스〉

17 위의 띠그래프를 보고, 각 코스에 신청한 가족 수에 대해서 어떤 점을 발견하였나요? 친구들의 생각과 자신의 생각을 비교해 보세요.

_____
_____
_____

**18** 럭셔리 코스와 알뜰 코스 중에서 관광객의 호응이 좋은 코스는 어느 쪽인가요?

_____

어떤 코스를 없앨지 결정하기 힘든 사장님은 5년 전의 기록과 비교해 보고자 합니다.

**19** (1) 〈활동지 5〉의 띠그래프를 완성하세요.

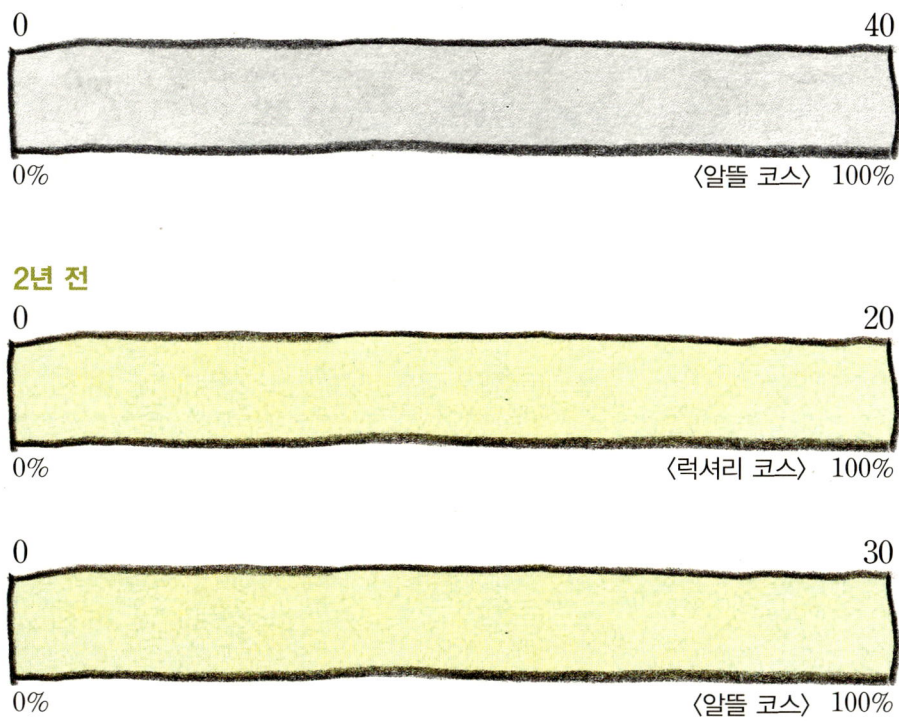

보고서를 다른 방법으로 정리하려고 합니다.

(2) 〈활동지 6〉의 띠그래프를 완성하세요.

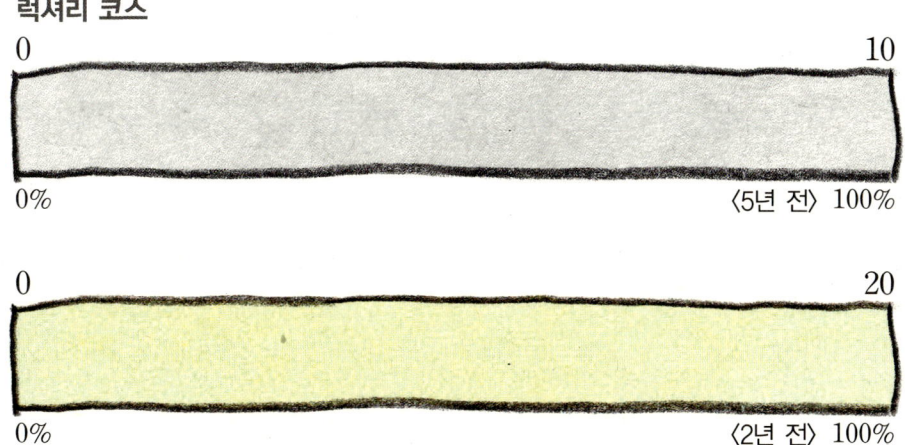

알뜰 코스

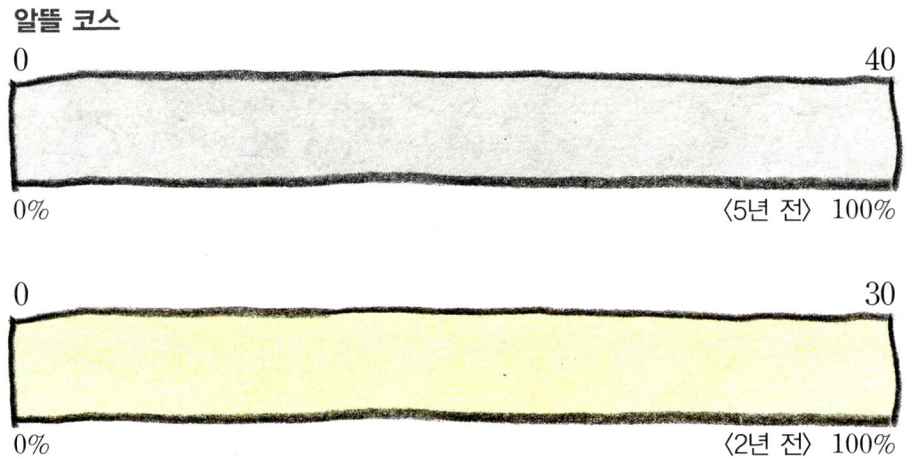

5년 전 기록과 2년 전 기록을 비교해 봅시다.

**20** 어떤 사실을 알 수 있나요? 친구들이 조사한 내용과 비교해 보세요.

_____
_____
_____

**21** 18번 문제를 풀기 위하여 표, 띠그래프, 퍼센트 중에서 어느 것이 더 편리한가요? 편리한 이유를 정리해 적어 보세요.

_____
_____
_____

나친절 씨는 다음과 같이 보고서를 작성했습니다.

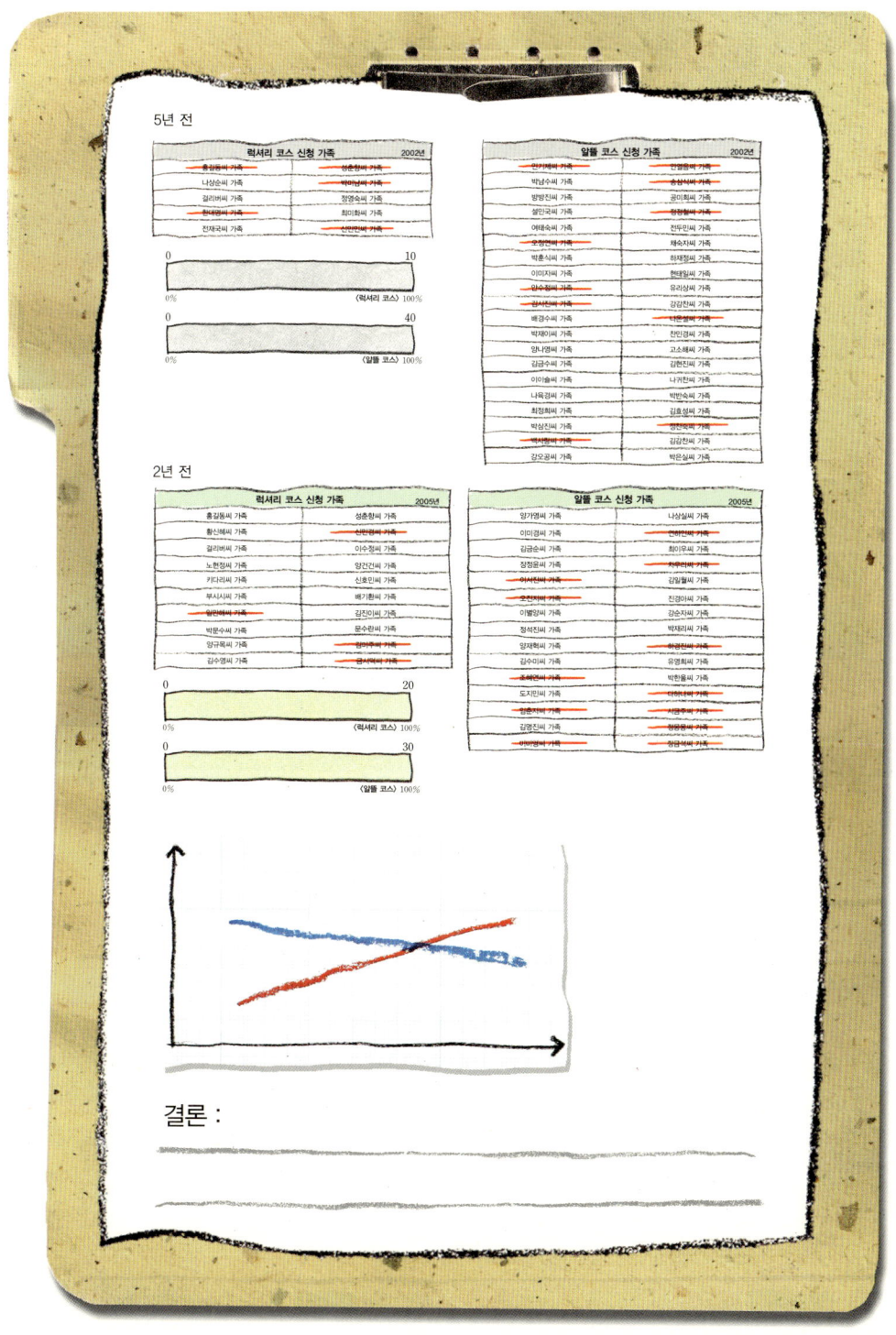

나친절 씨는 2년 전 기록과 5년 전 기록을 그래프로 그려서 보고서를 작성했습니다.

**22** 보고서의 그래프에서 세로축은 무엇을 의미하나요?

**23** 앞에 있는 보고서의 결론을 완성하세요. 〈활동지 7〉에 적어 보세요.

## 너 이거 알아?

### 왜 우리나라에서는 %를 퍼센트와 프로라고 읽을까요?

일상생활에서 '퍼센트'라는 용어는 자주 쓰입니다. 그리고 이 퍼센트와 함께 '프로'라는 용어도 많이 사용되지요. 둘 다 표준어로 되어 있는데, 퍼센트와 프로는 왜 같이 쓰이게 된 것일까요?

우리말에는 일본어의 영향을 받은 것이 많이 있습니다. 텔레비전을 테레비라고 하는 것이 바로 그 경우입니다. 퍼센트는 영어를 그대로 발음하여 읽은 것이고, 프로는 일본어의 영향을 받은 말입니다. 일본에서는 처음에 퍼센트를 'プロセント(푸로센토)'라고 했는데, 이것은 네덜란드어인 'procent'에서 유래한 말입니다. 우리나라에서는 푸로센토의 줄임말인 'プロ(푸로)'가 들어와 사용되고 있습니다. 현재 일본에서는 주로 'パーセント(파센토)'라는 단어를 씁니다. 이젠 プロ(푸로)나 プロセント(푸로센토)는 거의 안 쓴다고 하네요. 우리나라에서는 프로가 널리 쓰이는 말이므로 퍼센트와 프로를 모두 표준어로 삼고 있습니다.

## 연습 문제

문화 센터에서 비즈 공예반을 열었습니다. A, B 두 개의 반으로 나누고 두 명의 강사를 초빙하였습니다. 먼저 각 강의별로 수강 신청을 받고, 그 인원에 맞게 강의실을 배정하였습니다. 강의가 시작되고 중반쯤 지난 후에 강의 상황을 알아보기 위하여 강의실을 조사하였습니다.

**A 강의실**

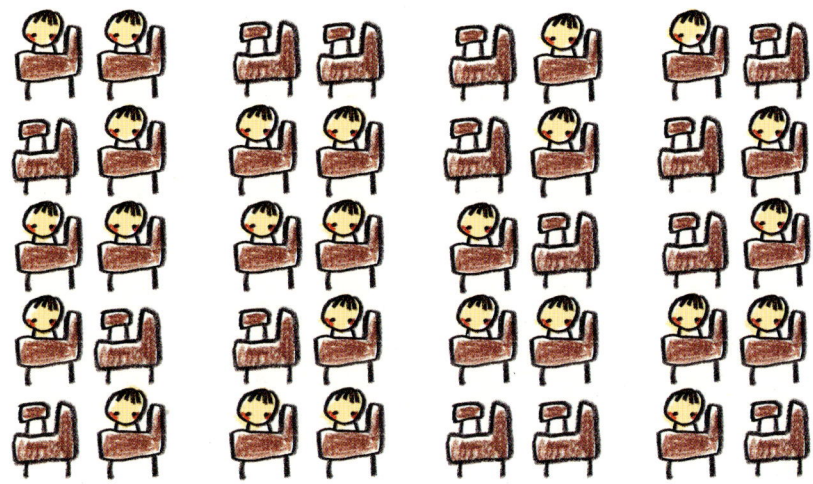

**B 강의실**

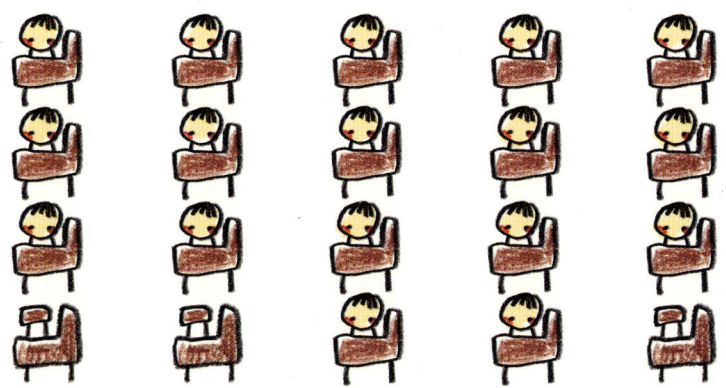

1. 문화 센터 직원이 각 강의실을 돌며, 수강생이 어느 정도 있는지 조사하고 있습니다. 아래 표를 분수로 나타내어 완성하세요. 〈활동지 8〉을 이용하세요.

| 날짜 | 강의실 | 비어 있는 자리 | 수강생이 앉아 있는 자리 |
|---|---|---|---|
|  |  |  |  |
|  |  |  |  |

2. 각 강의실에 수강생이 얼마나 앉아 있는지 〈활동지 8〉의 띠그래프에 표시하세요.

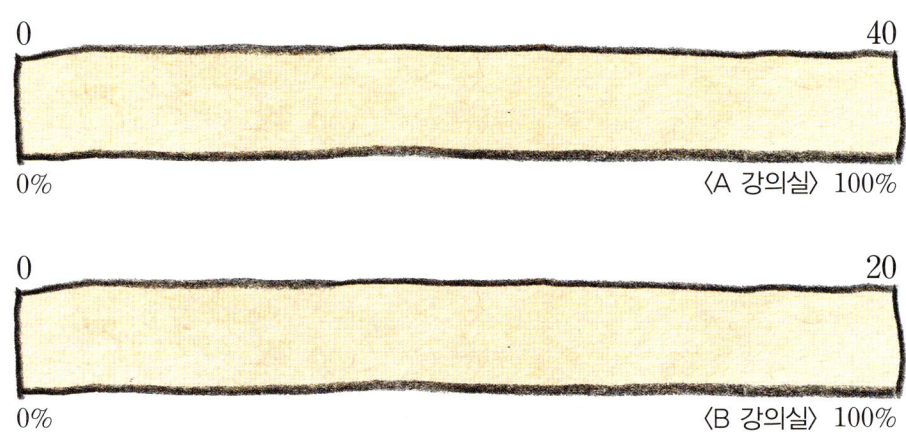

A, B 두 반의 강의는 같은 시간에 진행됩니다.

3. 강의가 성공적으로 이루어지는 곳은 어디입니까? 그렇게 생각하는 이유를 써 보세요.

문화 센터에서는 유명 강사를 여러 명 초빙하기로 했습니다. 미리 주민들의 신청을 받아 강의실을 정하였습니다. 강의가 진행되는 동안 주민들의 호응도를 알아보기 위하여, 각 강의에 얼마나 많은 사람들이 참석했는지 조사하여 띠그래프로 정리하였습니다.

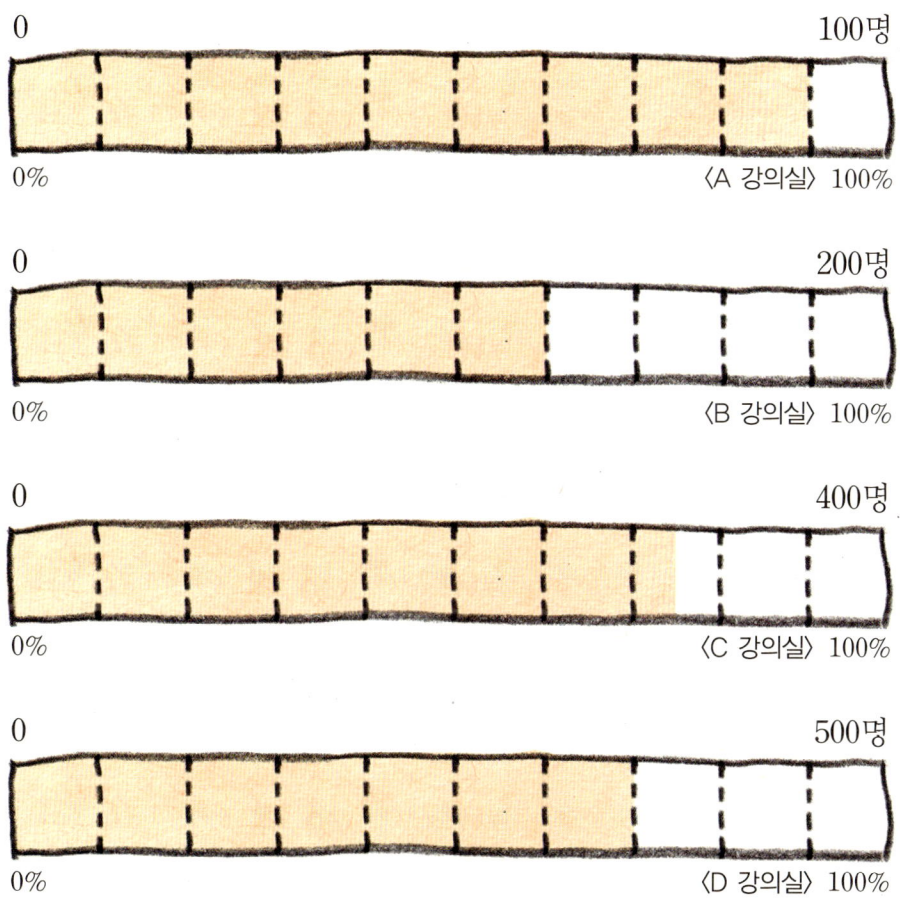

**4** 다음의 강의실에서 강의를 들은 사람들은 각각 몇 퍼센트인가요?

A 강의실 : _____

B 강의실 : _____

C 강의실 : _____

D 강의실 : _____

**5** 강의실에서 강의를 들은 사람들의 인원 수를 구해 보세요.

A 강의실 : _____

B 강의실 : _____

C 강의실 : _____

D 강의실 : _____

**6** 예상보다 자리가 많이 비는 강의실은 어디인가요? 이 강의를 계속해야 할지 결정해 보세요.

_____
_____
_____

## 상상 + 논술

각각의 그림을 보고 생각나는 것을 정리해 보세요. 이 단원에서 배운 것 중 어떤 내용이 떠오르나요? 떠오른 생각을 글로 써 보세요. 한 문장 이상이 되도록 적어 보세요.

**A 주차장**

| 주차 | 203대 |
|---|---|
| 주차 가능 | 300대 |

**B 주차장**

| 주차 | 99대 |
|---|---|
| 주차 가능 | 100대 |

## 얼마나 많은 직장인들이 노후를 준비하고 있을까 (단위 : %)

**2003년**
- 준비하고 있음 32.4
- 생각 안 해 봄 22.5
- 준비 못 함 45.1

**2005년**
- 준비하고 있음 64.6
- 준비 못 함 29.2
- 생각 안 해 봄 6.2

## 수를 사랑한 수학자 라마누잔

인도의 오일러라고 불리었던 라마누잔이 영국의 하디 교수의 초청을 받아 유학할 때 있었던 일입니다. 그 당시 라마누잔은 몸이 아파 병원에 입원하고 있었는데, 하디 교수가 문병하러 왔다가 자신이 타고 온 택시 번호판이 1729라는 지겨운 숫자라고 말했다고 합니다. 그러자 라마누잔은 인도에 있을 때 자신이 발견해서 써 놓은 그 숫자에 대해서 설명해 주었는데, 1729가 두 수의 세제곱의 합을 두 개의 다른 방법으로 나타낼 수 있는 가장 작은 숫자라는 것이지요.

스리니바사 라마누잔(1887~1920)

$$12^3+1^3=1728+1=1729, \quad 10^3+9^3=1000+729=1729$$

라마누잔은 그런 점에서 1729가 흥미로운 숫자라고 했습니다. 하디는 이 이야기를 연구 주제로 삼아 '택시 문제'라고 불렀다고 합니다. 그 후 수학자들은 이런 수학적 특징을 가진 숫자들을 연구하기 시작했습니다. 라마누잔에게는 흥미로운 숫자였는데 여러분한테는 어떤가요? 아무런 의미도 찾을 수 없는 수가 어떤 사람에게는 호기심을 불러일으키기도 한답니다.

유명한 수학자들은 종종 자신의 연구 노트를 남겨 놓기도 합니다. 그 중에 유명한 노트가 라마누잔의 노트입니다. 라마누잔은 종이를 살 돈조차 없을 정도로 무척 가난했습니다. 그래서 주로 석판에 계산을 하고, 노트에는 마지막 결과만 써 놓았다고 하네요. 나중에 케임브리지 대학교 도서관에서 그의 다른 물건들과 함께 노트가 발견되었는데, 지금도 여전히 노트에 적힌 내용들을 연구하고 있다고 합니다. 라마누잔의 살림이 조금만 넉넉했다면 수학이 좀 더 발전했을지도 모르겠네요. 여러분도 수학을 공부할 때 노트를 잘 써 보세요. 혹시 알아요? 여러분 중에 한국의 라마누잔이 탄생할지도 모르잖아요.

세 번째 이야기
# 퍼센트를 계산해 보자구

퍼센트를 계산하는 여러 가지 방법을 소개합니다.
첫 번째 주제에서는 띠그래프를 이용합니다. 두 번째
주제에서는 비율표를 이용합니다. 세 번째 주제에서는
단위 퍼센트를 이용합니다. 물론 반드시 주제별로
계산하는 방법을 정할 필요는 없습니다. 하지만 퍼센트를
어림하거나 머리 아프지 않게 계산하는 여러 가지 방법이
익숙해질 때까지 주제별로 정한 계산법을 따라 열심히
연습하는 것이 좋겠지요?

# 1. 대~한민국! 짝짝짝짝짝

연우네 학교에서는 월드컵 기간 중에 우리나라 선수를 격려하기 위하여 반별로 응원전을 벌이기로 했습니다. 신나는 응원을 위하여 응원 도구를 준비해야겠죠?

연우는 반 친구들이 어떤 응원 도구를 준비했는지 조사하였습니다.

1. 연우네 반은 모두 몇 명인가요?

2. 귀여운 붉은악마 뿔을 쓰고 있는 학생은 몇 퍼센트인지 띠그래프를 그려서 알아보세요.

3. 강력한 붉은악마 창을 들고 있는 학생은 몇 퍼센트인지 띠그래프를 그려서 알아보세요.

다음은 기영이네 반에서 조사한 결과입니다.

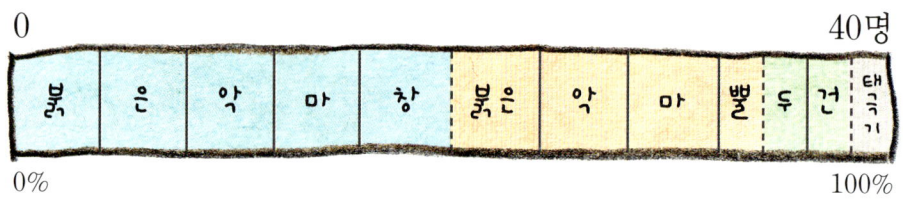

4  붉은악마 창을 가지고 있는 학생은 몇 퍼센트인가요?

5  붉은악마 뿔을 쓰고 있는 학생은 몇 퍼센트인가요?

6  위의 띠그래프를 보고 아래 표의 빈칸을 채워 넣으세요.

| 응원 도구 | 붉은악마 창 | 붉은악마 뿔 | 붉은악마 두건 | 태극기 |
|---|---|---|---|---|
| 인원 수 | | | | |

기영이네 반에서 조사한 결과를 퍼센트로 나타내 보니, 6학년 전체 반을 조사한 결과와 거의 같다고 합니다. 6학년 전체 학생 수는 360명이라고 합니다.

**7** 다음에 해당하는 학생 수를 구해 보세요.

|  | 6학년 전체에서 해당 학생 수 |
|---|---|
| 붉은악마 창 |  |
| 붉은악마 뿔 |  |
| 붉은악마 두건 |  |
| 태극기 |  |

## 2. 할인 카드로 배부르게, 재미있게

공항에 도착한 은주네 가족은 햄버거와 주스로 출출한 배를 채우기로 했습니다.

휴대폰 제휴 카드를 사용하면 일정한 퍼센트로 음식 값을 할인 받을 수 있습니다.

1 아래 비율표를 채우세요.

| 할인 받은 가격 | 5000 | | | |
|---|---|---|---|---|
| 원래 가격 | 25000 | 50000 | 10000 | 100 |

2 은주네 가족은 식당에서 제휴 카드를 사용하여 몇 퍼센트를 할인 받았나요?

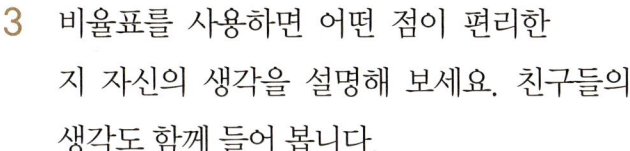

얼마를 할인 받았는지 퍼센트를 구할 때, 위 비율표를 이용하면 편리합니다.

3 비율표를 사용하면 어떤 점이 편리한지 자신의 생각을 설명해 보세요. 친구들의 생각도 함께 들어 봅니다.

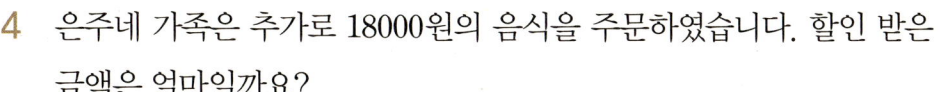

4 은주네 가족은 추가로 18000원의 음식을 주문하였습니다. 할인 받은 금액은 얼마일까요?

연우도 휴대폰 카드로 할인을 받은 적이 있다고 합니다. 가족이 함께 난타 공연을 보러 갔는데, 아빠가 가지고 있는 카드를 사용해서 할인을 받았습니다.

연우는 카드를 사용하면 몇 퍼센트 할인을 받을 수 있는지 알아보기 위하여 비율표를 이용해서 다음과 같이 계산하였습니다.

| 할인 받은 가격 | 8100 | 900 | | |
|---|---|---|---|---|
| 원래 가격 | 27000 | 3000 | 1000 | 100 |

5  왼쪽 표의 빈칸을 채워 넣으세요. 어떻게 그 값이 나왔나요?

_____

6  카드를 사용하면 몇 퍼센트 할인을 받나요?

_____

7  어린이는 얼마나 할인을 받을 수 있는지 비율표를 이용해서 알아보세요. 표를 직접 만들어서 알아보면 좋아요.

| 할인 받은 가격 | 원래 가격 |
|---|---|
|  | 100 |
|  | 10000 |
|  | 7000 |
|  | 17000 |

대형 문구 매장인 열린문구에서는 고객이 물건을 구입하면 그 물건 값의 15퍼센트에 해당하는 금액만큼 사은품을 지급합니다.

1. 은기는 1000원짜리 색연필 세트를 샀습니다. 받을 수 있는 사은품을 고르세요.

---

은주는 6500원짜리 수채화 물감을 샀습니다. 은주는 받을 수 있는 사은품을 고르기 위하여 다음과 같이 계산하였습니다.

> 6500원의 10퍼센트는 650원이야. 5퍼센트는 650원의 절반이니까 325원이지.

2. 은주의 계산법을 보고, 6500원짜리 물건을 샀을 때, 얼마짜리 사은품을 받을 수 있는지 계산해 보세요.

---

은주는 17000원짜리 인형도 샀습니다.

3. 얼마짜리 사은품을 받을 수 있는지 2번과 같은 방법으로 계산해 보세요.

가격에 맞는 사은품이 없는 경우에는 사은품을 여러 개 고를 수 있다고 합니다.

4   은주가 받을 수 있는 사은품을 골라 보세요.
    고른 결과를 친구들과 비교해 보세요.

    _____
    _____
    _____

은지는 3800원짜리 아바타 다이어리를 샀습니다.

5   받을 수 있는 사은품을 고르세요.

    _____

은주네 반에서는 학급 행사의 기념품으로 여러 가지 학용품을 샀습니다.

| 문구 세트 | 가격 | 사은품의 가격 | 사은품의 종류(여러 개) |
|---|---|---|---|
| 컬러 펜 여러 개 | 57800원 | | |
| 손수건 여러 개 | 12300원 | | |
| 자 여러 개 | 9600원 | | |

6   사은품의 가격은 각각 얼마일까요? 빈칸을 채우세요.

**7** 가격에 맞는 사은품을 각각 골라 보세요. 사은품은 여러 개 고를 수 있습니다. 고른 사은품을 친구들과 비교해 보세요.

---

대형 문구 매장 안의 편의점에서는 물건을 사면 물건 값의 $33\frac{1}{3}\%$를 포인트로 적립해 줍니다.

**8** 은주는 900원짜리 음료수 1잔을 먹었습니다. 적립되는 포인트는 얼마일까요? 띠그래프를 이용하여 계산해 보세요. 어떻게 계산하였는지 설명해 보세요.

**9** $33\frac{1}{3}\%$를 분수로 나타내면 얼마일까요?

---

**10** 4500원짜리 간단점심세트는 얼마나 적립될까요?

대형 문구 매장에서는 책을 판매하면 그 값의 2%를 공익 재단에 지원합니다. 그리고 지원한 금액은 고객 카드에 적립됩니다.

**11** 1%를 분수로 나타내어 보세요.

**12** 1000원의 1%는 얼마일까요?

**13** 1000원짜리 책이 팔렸다면, 재단에 지원되는 금액은 얼마인가요?

**14** 은주는 여러 가지 참고서를 사고 84000원을 냈습니다. 그러면 재단에 지원되는 금액은 얼마인가요? 어떻게 계산하였는지 설명하세요.

**15** 은주는 지금까지 지원한 금액이 궁금했습니다. 그래서 직원에게 물어보았더니 6300원이라고 합니다. 그러면 오늘까지 은주가 책을 사기 위해서 낸 돈은 모두 얼마일까요? 계산한 방법을 설명해 보세요.

### 연습 문제

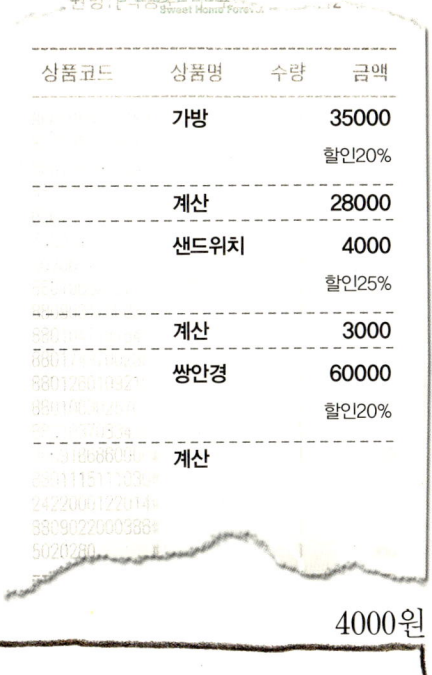

슈퍼마켓에서 물건을 사 온 은주는 영수증이 찢어진 것을 발견하였습니다.

**1** 띠그래프에 4000원짜리 샌드위치를 25% 할인하면 얼마를 할인받을 수 있는지 표시해 보세요.

```
0                                    4000원
┌──────────────────────────────────────┐
│                                      │
│                                      │
└──────────────────────────────────────┘
0%                                   100%
```

**2** 할인 금액을 제외한 나머지 금액은 얼마인가요? 영수증의 결과와 같나요?

**3** 60000원짜리 쌍안경은 얼마나 할인 받을 수 있나요? 띠그래프를 이용하세요.

```
0                                   60000원
┌──────────────────────────────────────┐
│                                      │
│                                      │
└──────────────────────────────────────┘
0%                                   100%
```

4  영수증에서 지워진 쌍안경의 판매 가격을 적어 보세요.

또 다른 영수증은 정가와 판매한 금액만 적혀 있습니다.

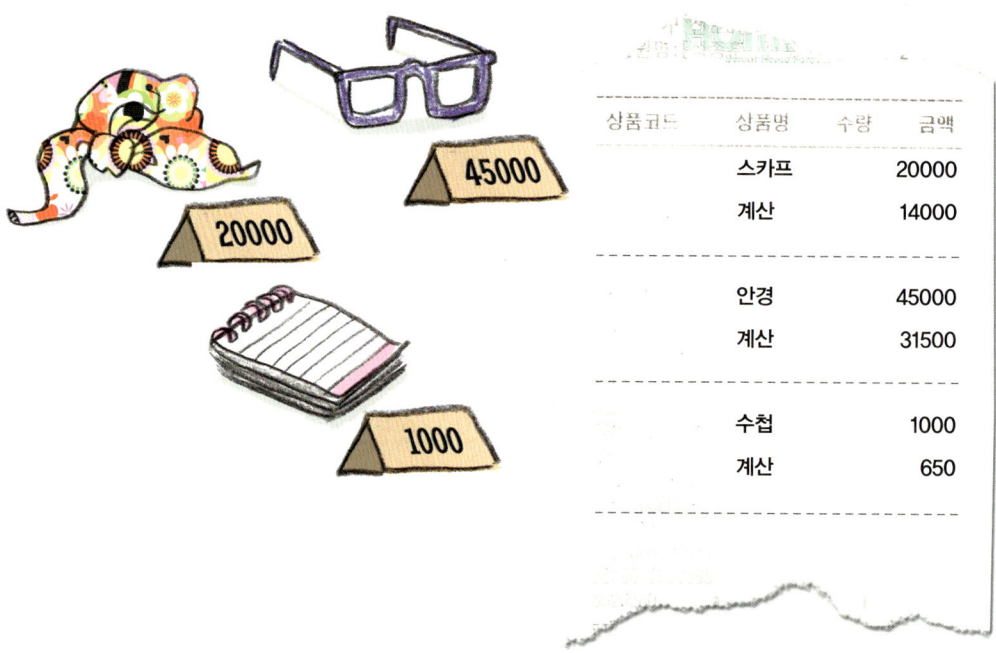

은주는 띠그래프를 이용하여 스카프의 원래 가격과 지불한 가격을 표시하였습니다.

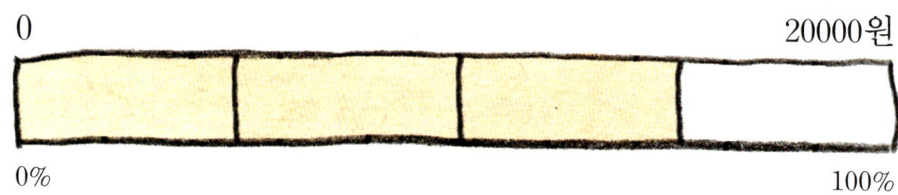

5  띠그래프를 사용하여 각 제품의 할인율을 구해 보세요.

은주는 할인율을 구하기 위하여 다음과 같은 방법을 사용하였습니다.

|  | | ÷100 | ÷3 | ÷3 | ×2 |
|---|---|---|---|---|---|
| 지불한 금액 | 31500 | 315 | 105 | 35 | 70 |
| 원래 가격 | 45000 | | | | |

6  지불한 금액은 원래 가격의 몇 퍼센트인가요?

7  할인 받은 금액은 원래 가격의 몇 퍼센트인가요?

각각의 그림을 보고 생각나는 것을 정리해 보세요. 이 단원에서 배운 것 중 어떤 내용이 떠오르나요? 떠오른 생각을 글로 써 보세요. 한 문장 이상이 되도록 적어 보세요.

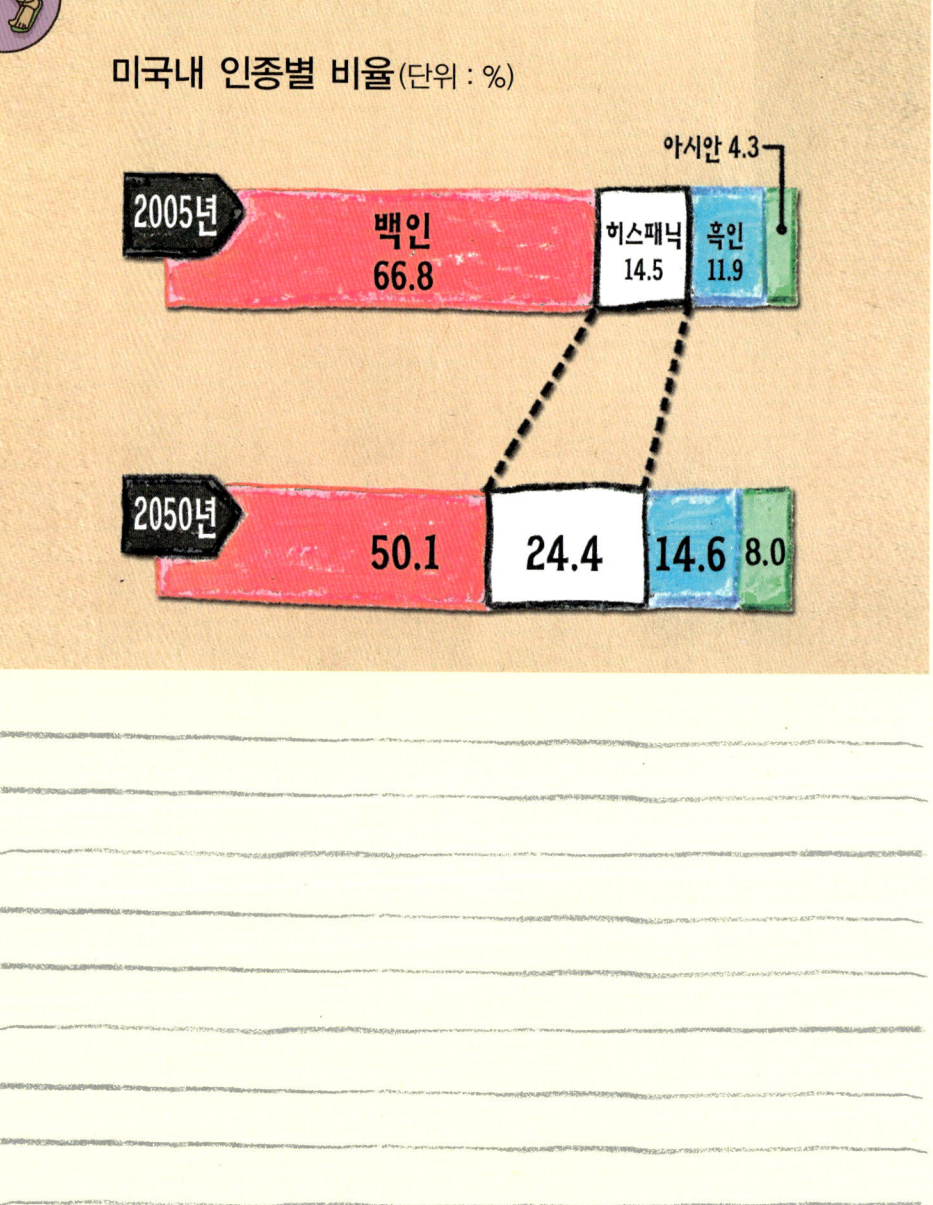

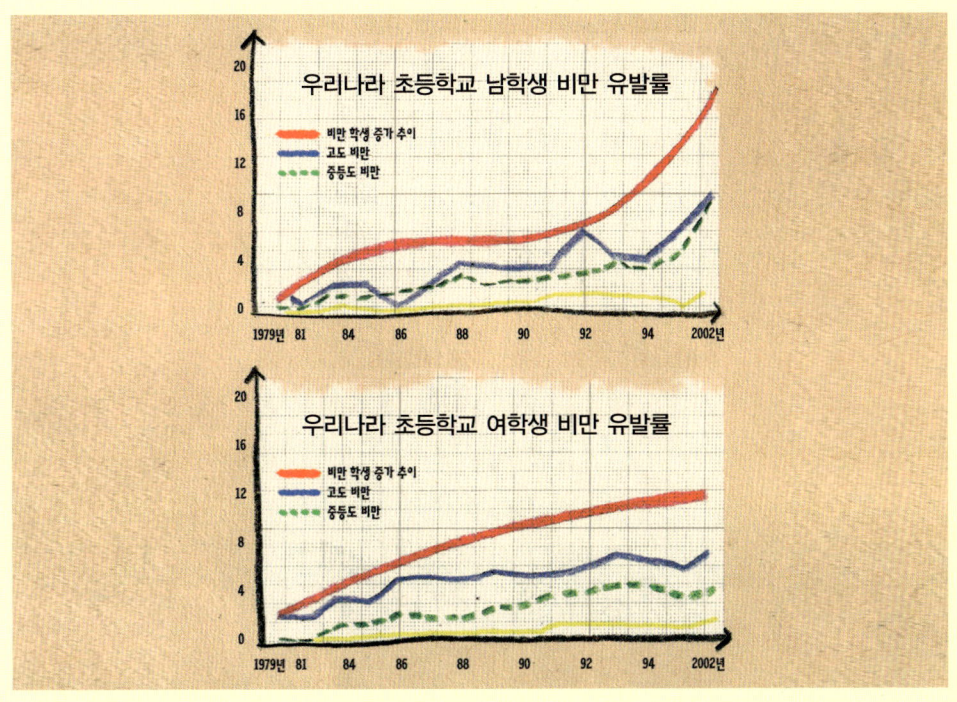

네 번째
이야기

# 할인에 또 할인을

지금까지 배운 퍼센트에 관한 지식을 활용하여 실생활에서 만날 수 있는 퍼센트를 계산해 봅니다. 띠그래프, 비율표, 단위 퍼센트 중 어느 것을 이용해서 계산해도 상관없습니다. 단, 한 가지 방법만을 고집하지 말고, 자신에게 익숙하지 않은 방법이 있다면 그 방법을 쓰도록 노력해 보세요.

## 1. 쇼핑을 하자

휴일을 맞아 유리는 엄마, 동생 우주와 함께 백화점에 갔습니다. 마침 세일 기간이라 백화점은 사람들로 붐볐고, 싸게 파는 물건이 가득했습니다.

캐주얼 매장에서는 티셔츠를 45% 할인하여 팔고 있었습니다. 유리가 3만원짜리 티셔츠를 골랐네요. 얼마를 할인 받을 수 있는지 유리와 우주가 각각 다른 방법으로 계산했습니다.

1. 유리는 어떻게 계산할까요? 유리의 계산 방법을 설명해 보세요. 그림을 그려도 좋습니다.

2. 우주의 방법으로 계산해 보세요. 어떤 방법이 더 편리하다고 생각하나요? 그렇게 생각하는 이유를 말해 보세요.

우주는 다른 매장으로 가서 8만원짜리 게임기를 샀습니다. 점원이 25% 할인해 준다고 하는군요.

3 얼마를 내야 하나요? $\frac{1}{2}$을 이용할까요, $\frac{1}{10}$을 이용할까요? 어떻게 계산하는 것이 더 편리한지 말해 보세요.

유리와 우주는 %를 분수로 바꿔서 계산하면 편리하다는 것을 알고 있습니다. $\frac{1}{2}$과 $\frac{1}{10}$ 외에 다른 분수를 사용하는 것이 더 편리하다면 그 분수를 이용해서 계산해도 됩니다.

4 실제 계산 과정을 설명해 보세요.

**5** 아래의 식을 계산하기 위하여 분수를 이용해 보세요. 어떤 분수를 이용했는지 설명하고, 계산해 보세요.

(1) 2400원의 10%
(2) 2400원의 75%
(3) 2400원의 30%
(4) 2400원의 35%
(5) 2400원의 20%
(6) 2400원의 80%

유리는 등산 배낭을 파는 매장에서 45000원짜리 배낭을 골랐습니다. 유리는 30% 할인된 금액을 냈습니다.

다음은 유리가 계산한 방법입니다.

| 100% | 20% 할인+10% 추가 할인 → | 30% 할인 |

6  유리는 얼마를 냈을까요?

그런데 점원은 유리가 돈을 잘못 냈다고 하는군요.

7  왜 그런지 이유를 설명해 보세요.

다음은 점원이 계산한 방법입니다.

| 100% | —20% 할인→ | 20% 할인 |

| 남은 양 80% | —10% 할인→ | 8% 할인 |

점원이 계산한 방법대로 배낭 값을 지불하려고 합니다.

8  얼마를 내야 할까요? 계산 방법을 적어 보세요.

___

9  점원이 계산한 방법과 다른 방법으로도 계산해 보세요. 어떻게 계산했는지 말해 보세요.

## 2. 골라~ 골라~

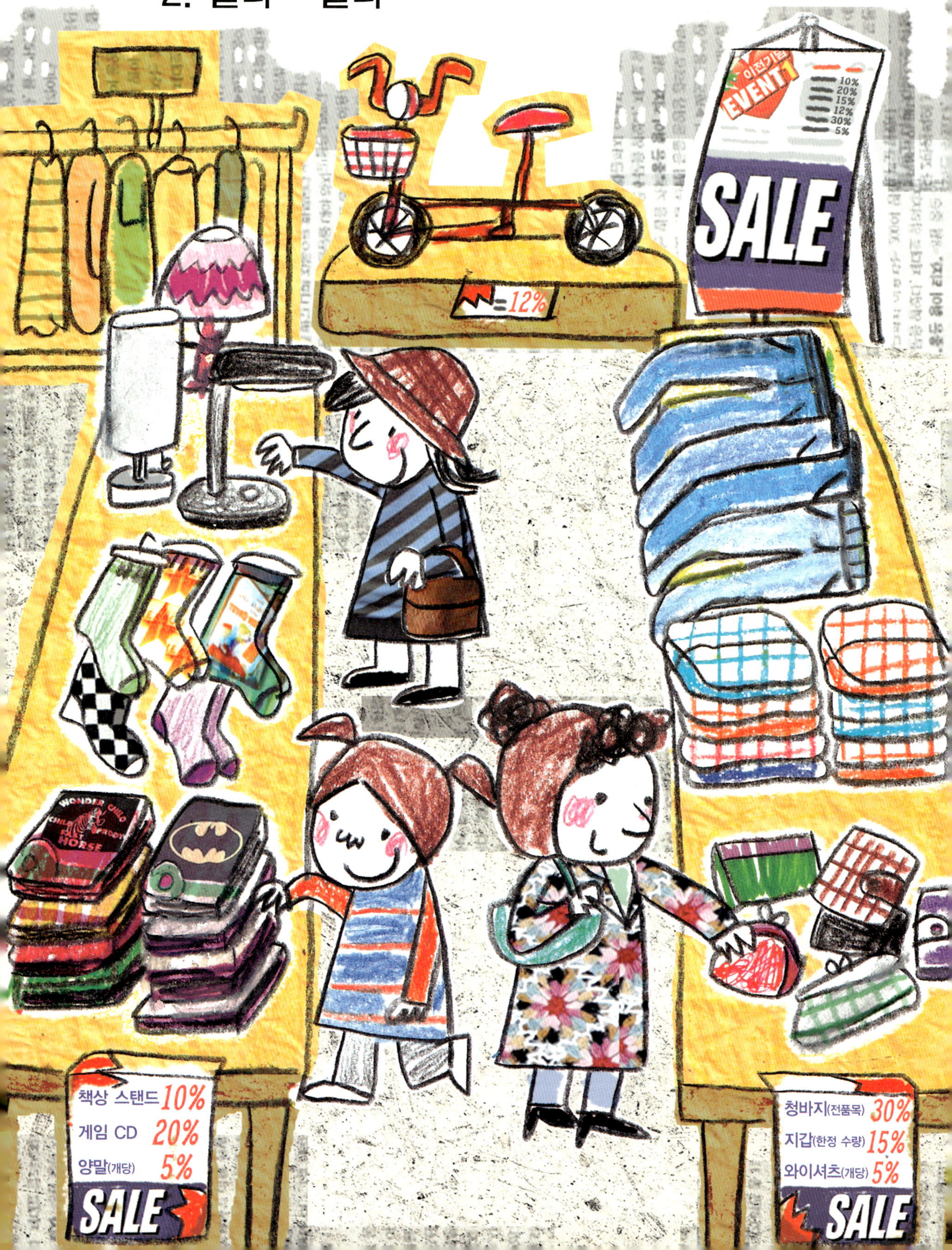

EVENT1
10%
20%
15%
12%
30%
5%

SALE

=12%

책상 스탠드 10%
게임 CD 20%
양말(개당) 5%
SALE

청바지(전품목) 30%
지갑(한정 수량) 15%
와이셔츠(개당) 5%
SALE

백화점 야외에서는 여러 상품을 진열해 놓고, 다양한 할인 행사를 벌이고 있습니다. 상품에 따라 일정한 퍼센트로 할인해 주기도 하고, 일정한 금액을 할인해 주기도 합니다.

아래의 표는 백화점에서 팔고 있는 상품과 할인 받을 수 있는 방법을 정리한 것입니다.

| 상품 | 원래 가격 | 할인 방법 (1개 선택) | |
|---|---|---|---|
| 책상 스탠드 | 120000원 | 10% 할인 | 10000원 할인 |
| 게임 CD | 31000원 | 20% 할인 | 6500원 할인 |
| 지갑 | 24000원 | 15% 할인 | 3600원 할인 |
| 자전거 | 105000원 | 12% 할인 | 15000원 할인 |
| 청바지 | 83000원 | 30% 할인 | 22000원 할인 |
| 양말(개당) | 3600원 | 5% 할인 | 200원 할인 |

1. 여러분이 사고 싶은 상품을 한 가지 고르세요. 어느 방법으로 할인을 받아야 더 싸게 살 수 있을까요? 계산해 보고 결과를 말해 보세요.

2. 나머지 상품들도 〈활동지 9〉의 표에 적어 보세요. 그리고 저렴하게 구입할 수 있는 방법을 골라 보세요.

| 상품 | 원래 가격 | 할인 내역 | | |
|---|---|---|---|---|
| | | %로 할인 받을 때 | 금액으로 계산 | 금액으로 할인 받을 때 |
| | | | | |
| | | | | |
| | | | | |
| | | | | |
| | | | | |

**너 이거 알아?**

## 13일의 금요일은 정말 재수가 없을까?

서양인들이 가장 싫어하는 숫자는 13이라고 합니다. 영어 단어에 'triskaidekaphobia'라는 것이 있어요. '13 공포증'이라는 뜻이지요. 미국 대통령이었던 루즈벨트는 식사에 초대한 손님이 약속을 지키지 못해 13명이 되면 그의 비서를 참석시켜 13이라는 숫자를 피했다고 하네요. 아마도 예수를 팔아먹은 배신자 유다가 최후의 만찬에서 13번째 손님이었다는 사실 때문에, 13이라는 숫자가 좋지 않은 의미로 자리잡게 된 듯합니다. 그렇다면 금요일은? 중세 유럽 사람들은 금요일을 손해 보는 날이라고 생각했습니다. 물론 예수가 십자가에 못 박힌 날도 금요일이기 때문입니다. 그래서 13일의 금요일이 공포의 날이 되었다고 합니다.

## 3. 자동차는 배고프면 주유소를 가지!

백화점에서 나온 유리 가족은 자동차에 휘발유를 넣기 위해 주유소에 들렀습니다. 주유소에서 기름을 넣고 엄마는 52500원을 계산하였습니다.

1    휘발유가 리터당 1500원이라고 합니다. 엄마는 몇 리터를 넣었나요?

2    이 주유소에서는 리터당 40원씩 할인해 주고 있었습니다. 유리 엄마는 총 얼마를 할인 받았을까요?

유리네 자동차 건너편에서는 경유를 사용하는 레저용 차량이 주유하고 있었습니다. 경유는 휘발유 가격을 기준으로 하여 할인이 된다고 하는군요. 이날 경유는 리터당 1200원이었습니다.

3    경유의 리터당 가격은 휘발유의 리터당 가격의 몇 퍼센트에 해당되나요? 계산 방법을 써 보세요.

4    경유 차량은 리터당 얼마를 할인 받을 수 있나요?

5  휘발유의 리터당 가격은 경유의 리터당 가격의 몇 퍼센트인가요?

유리는 휘발유 가격과 경유 가격을 비교하기 위하여 오른쪽과 같은 그림을 그렸습니다.

| 300 |     |
| 300 | 300 |
| 300 | 300 |
| 300 | 300 |
| 300 | 300 |

(휘발유 가격)   (경유 가격)

휘발유 가격을 다섯 개로 나누었더니, 경유는 그 중 4개에 해당하네요.

할인 받을 수 있는 금액도 마찬가지야.

6  유리가 그린 그림을 보고 3번, 4번, 5번 문제의 답을 다시 한 번 생각해 보세요. 그리고 계산 방법을 설명해 보세요.

# 4. 광고 전단지는 정보 덩어리

다음은 값이 싸기로 소문난 알뜰슈퍼의 광고지입니다.

할인된 물건의 가격을 쉽게 계산하기 위해서는 퍼센트를 소수로 고친 후 계산기를 사용하면 편리합니다.

1  1퍼센트를 소수로 고쳐 보세요.

2  광고지에서 가장 많이 할인된 것은 무엇일까요? 상품을 고르고, 그렇게 생각한 이유를 쓰세요.

3  다음은 물건의 원래 가격과 할인 받을 수 있는 퍼센트를 제시한 것입니다. 얼마나 할인 받을 수 있는지 계산해 보세요. 계산기를 사용해도 좋습니다.

(1) 460원의 38%

(2) 35680원의 23%

(3) 79410원의 62%

(4) 1234600원의 51%

일주일 후 알뜰슈퍼에서는 새로운 광고지를 만들었습니다. 이번에는 정가와 할인 가격만 나와 있습니다.

4. 향기나 롤 휴지는 몇 퍼센트를 할인 받을 수 있나요? 계산 방법을 설명해 보세요.

5. 향기나 롤 휴지와 쏙쏙 가루비누 중 할인이 더 많이 되는 것은 어느 쪽인가요?

왼쪽의 광고지를 새로운 모양으로 제작하려고 합니다.

6 □ 안에는 어떤 수가 들어갈까요? 계산 방법을 설명해 보고, 어떤 순서로 적을지 말해 보세요.

## 수학의 노벨상인 필즈상

노벨 물리학상, 노벨 화학상, 노벨 생리의학상, 노벨 경제학상, 노벨 평화상, 노벨 문학상. 그런데 노벨 수학상은 없습니다. 어떤 이야기에 따르면 노벨이 그 당시 유명한 수학자였던 레플러와 사이가 좋지 않았다고 합니다. 노벨상에 수학상이 만들어지면 레플러가 그 상을 수상할지도 모른다는 생각에 만들지 않았다고 하네요. 캐나다의 수학자인 필즈(1863~1932)는 국제적인 수학상을 만들자고 제안했습니다. 그의 제안에 따라 필즈상이 만들어졌는데, 1936년 이후 세계수학자회의 때마다 수학 발전에 크게 기여한 40세 미만인 수학자에게 상을 주고 있습니다. 제1회 필즈상은 알프르와 더글러스가 받았습니다.

## 5. 스피드~ 스피드~ 업!

미국에서는 '나스카'라고 하는 개조 자동차 경주 대회가 해마다 36차례 열립니다. 대회가 열리는 도시마다 약 30만 명의 관광객이 찾아와 '자동차 도시'를 형성한다고 합니다.

1. 대회가 열리면 7500만 명이 열광하는데, 여자가 그 중 약 40퍼센트를 차지한다고 합니다. 몇 명이나 될까요?

**메인 스폰서**: 보닛과 뒷바퀴 위쪽(가장 잘 보이는 곳, 1500만~2000만 달러)

**협력사**: 창틀에 있는 조그만 광고, 총 50000~500000 달러

**협력 스폰서**: 앞바퀴 뒤쪽, 트렁크 등 총 200만~400만 달러

이런 큰 대회는 광고비로 운영됩니다. '움직이는 광고판'이라고 불리는 차 한 대에 달라붙는 스폰서 비용이 무려 2500만 달러에 이른다고 합니다. 위 사진은 나온이라는 회사가 메인 광고를 맡고 있는 자동차의 광고 위치를 나타낸 것입니다. 후원하는 정도에 따라 광고 위치가 정해지며, 가격이 결정됩니다.

2  나온 회사는 총 광고 비용의 몇 퍼센트를 부담해야 하나요? 계산 방법을 설명해 보세요.

3  협력사가 내는 비용은 메인 스폰서가 내는 총 광고 비용의 몇 퍼센트인가요?

# 6. 축구 응원하러 모여모여

2006년 6월 13일 독일 월드컵 토고전 당시 거리 응원에는 2182500명이 참가했습니다. 오른쪽 사진은 서울 시청 앞 서울광장의 모습을 2시간 간격으로 찍은 것입니다. 오후 8시 서울 시청 앞 서울광장은 사람들로 빽빽이 들어찼습니다. 사진을 보면 여기로 표시한 부분이 있는데, 이곳에는 약 100명의 사람이 서 있다고 합니다.

1 사진에 보이는 사람들은 모두 몇 명일까요? 어림해 보세요. 〈활동지 10〉을 이용하세요.

2 이들 중 25퍼센트는 경기가 끝난 후 바로 직장에 출근했습니다. 대략 몇 명일까요? 〈활동지 10〉을 이용하세요.

어떤 행사에 몇 명이 참가했는지는 경찰청 집계에 따라 발표합니다. 경찰청에서는 행사 장소의 넓이에 평당 인원을 곱하여 참가 인원을 계산합니다.

빽빽이 서 있는 경우는 1평에 15명, 공간에 여유가 있다면 1평에 10명이 선 것으로 계산합니다.

3. 서울 시청 앞 서울광장의 넓이는 약 1951평입니다. 서울 시청 앞 서울광장에 서 있는 사람들은 몇 명일까요? 어림해 보세요.

4. 서울 시청 앞 서울광장에 서 있는 사람들은 전체 인원의 몇 퍼센트일까요?

오후 4시에 찍은 사진입니다. 서울 시청 앞 서울광장의 $\frac{2}{5}$ 정도 되는 곳에서 사람들이 여유있게 응원 준비를 하고 있네요.

5  오후 4시 사진에 담긴 사람들의 수를 어림해 보세요.

6  오후 4시에 모인 사람들은 오후 8시에 모인 사람들의 몇 퍼센트인가요?

7  오후 4시와 오후 8시의 사진을 보세요. 증가율을 어림해 보세요.

# 7. 우리나라 살림살이는 어떻게?

**국가 예산 어디에 많이 쓰나**

단위: 원

※ 2006년 총 국가 예산 **221조4000억**

- 사회복지: **54조7000억**
- 교육: **29조1000억**
- 국방: **22조9000억**
- 수송, 교통, 수자원: **17조8000억**
- 농림, 해양, 수산: **14조4000억**

**교육부가 교육청과 대학에 쓰는 돈은**

■ 각 시, 도 교육청에 주는 지방교육재정교부금 **24조5000억 원**
- 교원 인건비+학교 운영비 등 **21조원**
- 유아 및 평생 직업교육 등 기타 **3조5000억 원**

■ 대학 지원 **1조6905억 원**
- 2단계 BK21 사업 **2900억 원**
- 지방대 혁신 사업 **2600억 원**
- 기초과학학술연구 **1705억 원**
- 인문사회학술연구 **1205억 원**

그림은 2006년도 우리나라 예산의 쓰임새를 나타내는 자료입니다.

1. 2006년 국가 예산은 주로 어느 분야에 사용되나요? 그 규모는 전체 예산의 어느 정도인가요?

2. 교육 분야에 투자하는 예산은 전체 예산 중 어느 정도를 차지하고 있나요?

3. 수송이나 교통 분야에 사용되는 예산은 전체 예산의 몇 퍼센트인가요?

4. 내년에는 교육 예산을 2006년보다 5% 늘릴 예정입니다. 얼마가 증가할까요? 계산 방법을 설명해 보세요.

5. 옆 그림에 제시되지 않은 부분의 금액을 계산해 보세요. 전체 양의 몇 %인가요?

### 연습 문제

1  2006년 전 재산의 85퍼센트를 기부한 워렌 버핏의 선행은 많은 사람들에게 감동을 주고 있습니다. 그가 기부한 돈은 자그마치 37조 원이라고 합니다. 기부하기 전 버핏의 재산은 얼마나 되었을까요?

2  슈퍼마켓을 운영하는 연우의 아버지는 물건 값이 변할 때마다 손님들에게 친절히 알려 줍니다. 아래의 표는 이번 주에 가격이 달라진 물품을 나타낸 것입니다. 빈칸을 채우세요.

(말풍선) 1200원에서 20%가 올랐으면 원래 가격 100%에 20%를 더한 만큼 지불해야해.

| 물품 | 이전 가격 | 변화 | 새 가격 | 이전 가격에 대한 새 가격의 퍼센트 |
|---|---|---|---|---|
| 대파 | 1200원 | +20% | | |
| 생수 | 800원 | −10% | | |
| 두부 | 2400원 | +5% | | |

연우는 교내 사진반 동아리 회원입니다. 동아리에서는 찍은 사진을 직접 현상하기도 합니다.

(말풍선) 이번에 만든 작품은 너무 커. 좀 줄이면 좋을 것 같아.
(말풍선) 80%로 줄이는 건 어때?

발표회에 전시할 작품을 만들기 위하여 사진 크기가 어느 정도 되어야 적당한지 친구들과 의논해야 합니다.

**3** (1) 아래 비율표의 빈칸을 채우세요.

| 원래 길이(cm) | 10 | 15 | 20 | 25 | 1 | 2 | 3 | 4 | 5 |
|---|---|---|---|---|---|---|---|---|---|
| 80% 축소 후 길이(cm) | | | | | | | | | |

(2) 가로의 길이가 85cm인 사진을 80%로 축소하면 길이가 얼마나 될까요? 계산한 방법을 설명해 보세요.

85cm

80%로 축소한 후에도 역시 사진이 너무 크네요. 다시 80%로 축소하려고 합니다.

(3) 위 표를 이용하여 구할 수 있는 방법을 설명해 보세요.

## 상상 + 논술

각각의 그림을 보고 생각나는 것을 정리해 보세요. 이 단원에서 배운 것 중 어떤 내용이 떠오르나요? 떠오른 생각을 글로 써 보세요. 한 문장 이상이 되도록 적어 보세요.

○○○복사기

| 복사 용지 | 비율 | 복사 용지 | 비율 |
|---|---|---|---|
| B5 → A4 | 115% | A3 → A4 | 71% |
| B4 → A3 | 115% | B4 → B5 | 71% |
| A4 → B4 | 122% | B4 → A4 | 82% |
| A4 → A3 | 141% | A4 → B5 | 87% |
| B5 → B4 | 141% | A3 → B4 | 87% |

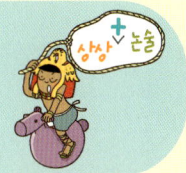

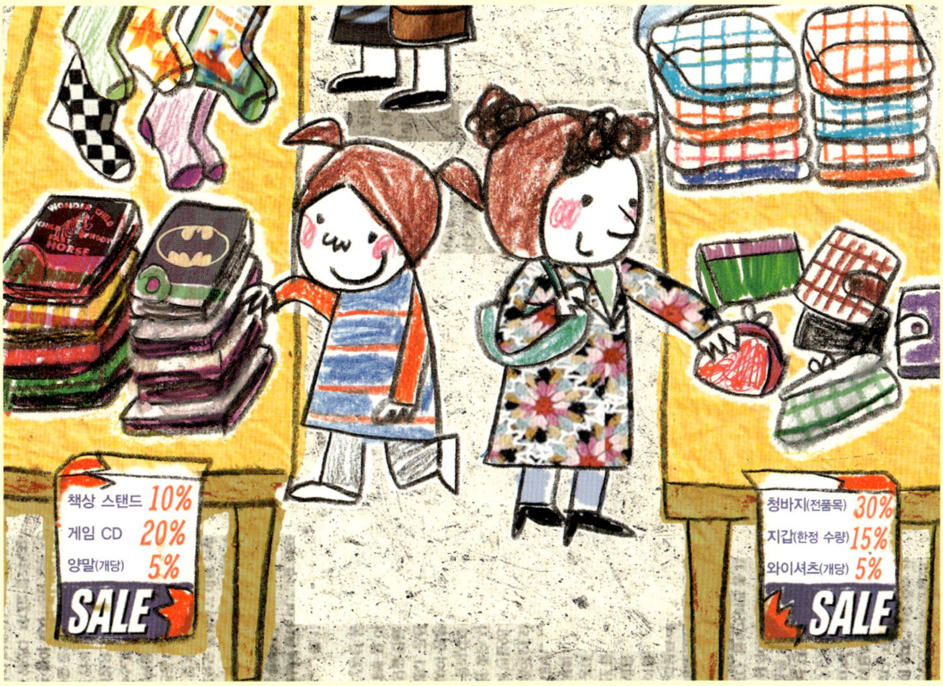
책상 스탠드 10%
게임 CD 20%
양말(개당) 5%
SALE
청바지(전품목) 30%
지갑(한정 수량) 15%
와이셔츠(개당) 5%
SALE

## 꼬리의 반란

백화점의 우수 고객에게는 주차장이 따로 있습니다. 전용 휴게실에서 차를 마시며 쉴 수도 있고, 추가 할인도 받을 수 있습니다. 매출의 대부분(80%)이 소수(20%)의 단골 고객에게서 나오기 때문입니다. 비용 대비 효율을 감안하면 일반 고객은 버려도 된다는 주장도 있습니다. 선택과 집중, 이것이 바로 '파레토의 법칙' 입니다.

이탈리아의 경제학자 빌프레도 파레토가 주장한 20 대 80의 법칙은 생활 곳곳에서 발견할 수 있습니다. 하루 종일 걸려 오는 전화 중 80%는 친한 사람의 20%가 전화한 것이고, 인구의 20%가 국가 돈의 80%를 가지고 있고, 20%의 근로자가 80%의 일을 한다고 합니다.

우리가 쓰는 말도 그렇습니다. 미국의 언어학자 조지 지프는 성경과 소설 《백경》에 나온 단어를 빈도수대로 늘어놓았더니 파레토 곡선과 비슷한 그믐달 모양이 되었다고 합니다. 이 '지프의 법칙'은 한국어도 예외가 아니라고 합니다. 우리말에서 자주 쓰는 단어 1000개만 알면 우리말의 75%를 이해할 수 있다고 하네요. 《표준국어대사전》에 실린 단어가 30만 개가 넘는데 말이죠.

파레토의 법칙을 통쾌하게 뒤집은 게 바로 인터넷입니다. 스가야 요시히로는 "시장의 중심이 소수(20%)에서 다수(80%)로 옮겨 가고 있다"며 이를 '롱테일 법칙'이라고 했습니다. 그는 미국의 인터넷 서점 아마존이 매출의 절반을 비인기 서적에서 올린 사례를 그 증거로 들었습니다. 파레토 곡선에서 별로 중요하지 않았던 긴 꼬리 부분이 통통하게 커졌다는 것이죠. 이것은 인터넷의 발달로 소통 비용이 줄어들었기 때문입니다.

(중앙일보 2006년 9월 8일자)

새로 쓰는
초등
수학 교과서
활동지

\* 활동지는 한 장씩 잘라서 사용하세요.

**활동지 1**

**7** 행사 중에 파운드케이크 1개를 산다면 어느 정도의 양을 덤으로 받을 수 있는지 그림으로 그려 보세요.

**8** 만일 100퍼센트를 덤으로 준다면 파운드케이크 1개를 살 때 얼마나 더 받을 수 있나요? 그림으로 그려 보세요.

memo

## 활동지 2

**4** 토끼를 따라가다가 굴속에 빠진 앨리스는 몸의 크기가 줄어들었다 커졌다가를 반복합니다. 세 번째 변한 앨리스의 키를 보고, 처음과 비교해서 얼마나 줄어들었는지 말해 보세요. 참고로 원래의 앨리스 키는 124cm입니다.

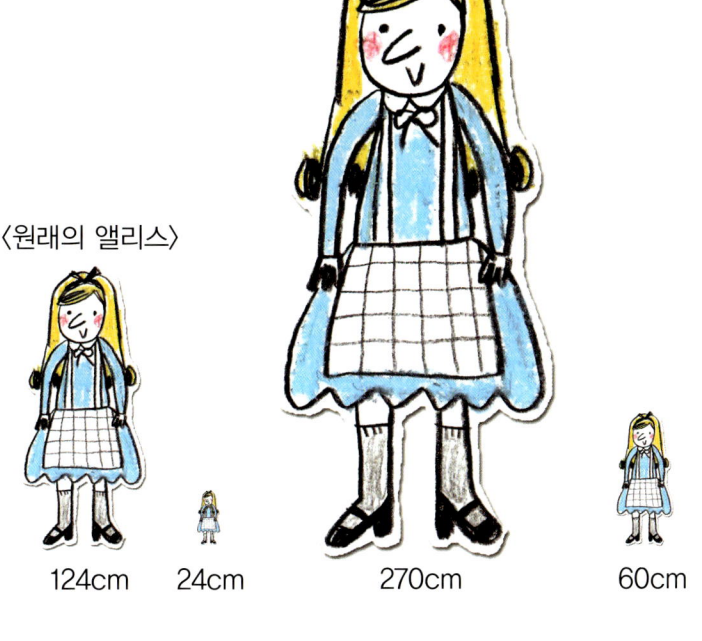

〈원래의 앨리스〉

124cm   24cm   270cm   60cm

memo

3. 친구들의 답을 모두 모아 정리해 보세요. 어떤 점이 같고, 어떤 점이 다른가요?

| 같은 점 | 다른 점 |
| --- | --- |
|  |  |

memo

**활동지 4**

13~15 다음 표의 빈칸을 채워 넣으세요.

|  | 발리 럭셔리 | 동남아 A | 아프리카 특급 | 호주 C |
|---|---|---|---|---|
| 신청한 가족 수 |  |  | 4 | 20 |
| 신청 가능한 가족 수 |  | 40 |  |  |

|  | 발리 알뜰 | 동남아 B | 미주 보통 | 유럽 |
|---|---|---|---|---|
| 신청한 가족 수 |  |  |  |  |
| 신청 가능한 가족 수 |  | 10 | 50 | 100 |

memo

**19** (1) 띠그래프를 완성하세요.

**5년 전**

**2년 전**

memo

**활동지 6**

**19** (2) 띠그래프를 완성하세요.

**럭셔리 코스**

0                                    10

0%                          ⟨5년 전⟩ 100%

0                                    20

0%                          ⟨2년 전⟩ 100%

**알뜰 코스**

0                                    40

0%                          ⟨5년 전⟩ 100%

0                                    30

0%                          ⟨2년 전⟩ 100%

memo

## 활동지 7

**23** 다음 보고서의 결론을 완성하세요.

### 5년 전

럭셔리 코스 신청 가족 · 2002년

알뜰 코스 신청 가족 · 2002년

### 2년 전

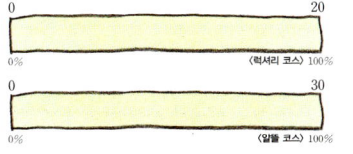

럭셔리 코스 신청 가족 · 2005년

알뜰 코스 신청 가족 · 2005년

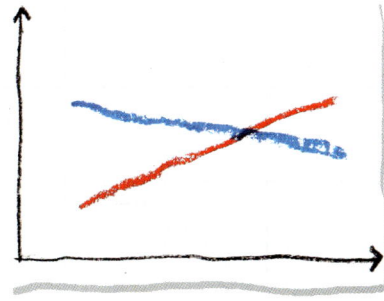

결론 :

memo

## 활동지 8

1. 문화 센터 직원이 각 강의실을 돌며, 수강생이 어느 정도 있는지 조사하고 있습니다. 아래 표를 분수로 나타내어 완성하세요.

| 날짜 | 강의실 번호 | 비어 있는 자리 | 수강생이 앉아 있는 자리 |
|---|---|---|---|
|  |  |  |  |
|  |  |  |  |

2. 각 강의실에 수강생이 얼마나 앉아 있는지 띠그래프에 표시하세요.

memo

활동지 9

2  다음의 표를 완성하세요. 그리고 저렴하게 구입할 수 있는 방법을 골라 보세요.

| 상품 | 원래 가격 | 할인 내역 | | |
|---|---|---|---|---|
| | | %로 할인 받을 때 | 금액으로 계산 | 금액으로 할인 받을 때 |
| | | | | |
| | | | | |
| | | | | |
| | | | | |

memo

**활동지 10**

1~2 여기로 표시한 부분에 100명 정도가 서 있다고 합니다. 사진에 보이는 사람들이 몇 명인지 어림해 보세요. 또 이들 중 25퍼센트는 대략 몇 명일까요?

memo

memo

memo

나온교육연구소와 동녘주니어가 함께 만든
# 새로 쓰는 초등 수학 교과서

수리논술 시대에는 수학 교과서도 달라져야 한다!
수학 학습은 문제 해결 능력입니다. 문제 해결은 정답만을 구하는 것이 아니라 해답에 이르는 열쇠를 찾아가는 것을 뜻합니다. 이를 위해서는 스스로 패턴을 발견하고 생각할 수 있는 능력이 필수적입니다. 이 책은 아이들이 진정한 배움에 이르도록 수학을 어떻게 가르치는 것이 바람직한가에 대한 고민을 담았습니다.

**배수경** 선생님은
이화여자대학교 수학교육과와 같은 학교 대학원을 졸업했으며, 지금은 같은 학교에서 박사과정 중에 있습니다. 전국 중학교 학업 성취도 문제 출제 위원과 검토 위원, 고양 교육청 영재 교육원 강사 및 프로그램 검토 위원을 지냈습니다. 지금은 EBS에서 중학교 난제공략을 강의하고 있으며, 무원고등학교에서 근무하고 있습니다.
blmathy@hanmail.net

**이미경** 선생님은
한남대학교 수학과와 한국교원대학교 대학원을 졸업했습니다. 새로운 수학 교재인 《수학으로 보는 세상-MIC》 시리즈 출간 기획을 담당했습니다. 지금은 사단법인 나온교육연구소 연구원으로 있습니다.
imlmk9@empal.com

**오혜정** 선생님은
전남대학교 수학교육과와 한국교원대학교 대학원을 졸업했습니다. 1999년부터 사단법인 전국수학교사모임(수학사랑)에서 활동하고 있습니다. 옮긴 책으로는 《우리 주변의 수학》 등이 있습니다. 지금은 군포에 있는 용호고등학교에서 근무하고 있습니다.
sagwa@chollian.net

**박영훈** 선생님은
서울대학교 수학교육과를 졸업하고, 미국 몬타나주립대학교에서 수학 MA를 취득했습니다. 그 후에 다시 교실로 돌아와 학생들을 가르쳤습니다. 지금은 홍익대학교 수학교육과 겸임교수와 사단법인 나온교육연구소 소장입니다. 저서로는 《수학은 논리다》, 《기호와 공식이 없는 수학카페》, 《아무도 풀지 못한 문제》 등이 있고, 옮긴 책으로는 《파이의 역사》, 《수학, 문명을 지배하다》, 《수학대소동》 등이 있습니다. 1992년 교육부장관으로부터 수학영재 지도교사상을, 2001년 과학기술부장관으로부터 과학도서번역상을 받았습니다.
ppyhp@yahoo.co.kr

**여태경** 선생님은
서울대학교 수학교육과와 같은 학교 대학원을 졸업했습니다. 저서로는 《교실 밖 수학 여행》이 있고, 옮긴 책으로는 《수학의 저주》가 있습니다. 지금은 창덕여자고등학교에서 근무하고 있습니다.
ytkng@paran.com

**안수진** 선생님은
이화여자대학교 수학교육과와 같은 학교 대학원을 졸업했습니다. 지금은 등원중학교에서 근무하고 있습니다.
ahnsj95@naver.com

# 나는 이 책의 제목만 봐도

## 평생 가슴 자락에 짙은 감동을 남긴 '나의 라임오렌지나무'가 초등학생용으로 태어났습니다!

- 그림책을 보는 듯한 화려한 색감과 표정이 풍부한 사실적 그림
- 시원하고 큼직한 판형과 글씨, 잘 다듬어진 유려한 번역

· 동녘의 《나의 라임오렌지나무》는 작가와의 독점계약에 의해 발간된 유일한 포르투갈어 완역본입니다.
· 초등학교 6학년 국어 교과서에 수록· 책으로 따뜻한 세상을 만드는 교사들 추천도서.

새로 쓰는

# 초등 수학 교과서
## 길잡이 책

박영훈 책임집필 · 나온교육연구소 지음

# 부모님에게

올해 열 살인 김영재는 무척 똑똑하다고 소문이 자자합니다. 학교에 들어가기 전부터 100이상의 세 자리 숫자를 셀 수 있고, 어른들도 어려워하는 계산을 척척 해냅니다. 초등학교 3학년이면서 중학교 3학년이 배우는 간단한 이차 방정식도 풀 수 있으니 그야말로 수학 영재인 모양입니다. 머잖아 고등학교 과정의 미적분도 배우겠다고 하더군요. 이것은 똑똑한 아들을 무척 자랑스럽게 생각하는 영재 부모님의 결정이기도 합니다. 영재 교육의 광풍이 몰아치는 요즘 우리나라에서 흔히 들을 수 있는 이야기입니다.

혹시 부모님 중에 내 아이도 영재처럼 키우겠다고 생각하는 분이 있나요? 남보다 빨리 계산을 하거나, 어려운 공룡의 이름들을 수십 가지나 줄줄 외우기도 하고, 〈도전! 골든벨〉에 나오는 40번 이후 문제의 정답을 맞히는 아이를 보면 정말 신기해서 감탄이 절로 나옵니다. 그래서 내 아이도 저랬으면 하는 바람을 갖는 것도 무리는 아닙니다.

수학의 역사에도 그런 신동들의 이야기가 가끔 등장합니다. 그 중 계산에 뛰어났던 몇 사람을 예로 들어 보죠. 1840년 독일 함부르크에서 태어난 요한 데이스는 목장에서 풀을 뜯어 먹고 있는 양 떼들을 힐끗 보고는 모두 몇 마리인지 알 수 있고, 도서관에 있는 책장을 한 번만 보고도 진열되어 있는 책들이 모두 몇 권인지 정확하게 말할 수 있었습니다. 그는 8자리 두 수의 곱

셈을 54초 만에 할 수 있었고, 20자리 숫자의 곱셈을 6분 만에 할 수 있었습니다. 또 다른 신동이었던 미국 버몬트 태생의 섀포드는 열 살이 되었을 때 7자리 수의 세제곱근을 단숨에 계산할 수 있었습니다. 그리고 영국 출신의 비더는 2563721987653461598746231905607541128975231과 같은 큰 숫자를 불러 주면 곧바로 거꾸로 배열된 수를 말할 수 있었습니다.

성년이 된 요한 데이스는 수학의 아버지라 불리는 유명한 수학자인 가우스의 추천으로 함부르크 과학 학술원에 들어가 7000000부터 10000000까지의 모든 약수표를 만들며 일생을 보냈다고 합니다. 그리고 섀포드는 어릴 때 드러났던 천재성이 사라져 버리고 평범한 천문학자의 길을 걸었다고 합니다. 또한 비더는 나중에 무엇을 했는지 알려지지 않았지만 기하학을 비롯한 다른 수학 분야에는 아주 무식했다고 합니다.

가우스 이야기가 나왔으니 그에 관해 좀 더 얘기해 보겠습니다. 어렸을 때 지진아 취급을 받았던 에디슨이나 아인슈타인과는 달리 가우스는 영재였다고 합니다. 1부터 시작하여 100까지의 자연수를 차례로 더한 값을 단 몇 초 만에 구했다는 일화는 널리 알려져 있지요. 그러나 앞의 세 사람과 가우스는 분명히 큰 차이가 있습니다.

신동이라고 했던 세 사람의 뇌에는 보통 사람이 갖지 못한 엄청난 기억 용량이 있다고 추측할 수 있습니다. 그 기억 용량은 사진기와 같아서 양떼,

도서관의 책장, 또는 43자리나 되는 엄청나게 큰 수를 힐끗 보고도 재생할 수 있는 것입니다. 보통 사람들은 곧 지워지지만 그들은 놀라운 기억력을 갖고 있어 꽤 오랫동안 저장할 수 있었습니다.

반면 가우스는 기억력에 의존하는 게 아니라 패턴을 발견하고 전략을 세워 문제를 풀었다는 점에서 앞의 세 사람과 다릅니다. 가우스는 1에서 100까지 수의 합을 계산할 때 1+100=101, 2+99=101, 3+98=101, …, 45+46=101과 같은 일정한 패턴을 발견했습니다. 따라서 101이 50개이므로 1부터 100까지 수의 합은 5050이라는 정답을 찾아낸 것입니다. 고등학교 때 배우는 등차수열의 합에 대한 공식을 발견한 것이지요.

이렇게 장황하게 이야기를 늘어놓는것은, 수학 학습은 바로 문제 해결에 있음을 강조하기 위해서 입니다. 문제 해결은 정답만을 구하는 게 아니라 해답에 이르는 열쇠를 찾아 가는 것을 뜻합니다. 이를 위해서는 남이 해 놓은 것을 따라가는 것이 아니라, 스스로 패턴을 발견하고 생각할 수 있는 능력이 필요합니다. 사실 무언가를 새로이 아는 것은 즐거운 경험입니다. 그래서 배움은 즐거워야 합니다. 하지만 현실은 이런 생각을 별로 중요하게 여기지 않는 것 같습니다. 알아 가는 과정이 중요한데도 이를 무시하고 결과에만 집착하는 성급한 모습을 쉽게 발견할 수 있으니까요.

행복한 수학, 친절한 수학, 똑똑한 수학, 천재 수학, 생각이 통하는 수학, 생

각이 열리는 수학, 원리 수학 등 온갖 미사여구를 동원하는 책이나 교육 방법이 쏟아져 나오지만, 결국에는 저자 자신이 알고 있는 것을 아이들에게 넣어 주는 데에만 급급한 경우가 많습니다. 책을 보는 독자가 생각할 수 있는 기회를 송두리째 빼앗아 버린 것이죠. 훌륭한 수학 선생님들이 집필한 국정 교과서도 아이들의 생각을 이끌기보다는 '따라가기만 하면 답을 얻을 수 있다'는 잘못된 믿음을 심어줄 수 있습니다. 그렇게 알게 된 지식은 머릿속에 잠시 넣어 둘 수는 있지만, 결국에는 자기 것이 되지 못한 죽은 지식으로 빠져나가게 됩니다.

학습에서 활동을 강조하는 '행하면서 배워라'는 말은 거짓입니다. 생각이 없는 활동은 무의미하기 때문이지요. 그래서 앞의 구호는 이렇게 바뀌어야 합니다. '생각하는 활동을 통해 배워라!'

'수학은 약속에서 출발한다'는 말도 거짓입니다. 수학자는 약속을 그대로 받아들이지 않습니다. 그는 약속을 만들어 가는 사람입니다. 수학을 배운다는 것은 수학자가 수학을 만들어 가는 과정을 밟아 나아가는 것을 말합니다. 사실 수학뿐만 아니라 모든 배움이 그러합니다. 배움이란 남이 만들어 놓은 지식을 머릿속에 차곡차곡 쌓는 것만은 아니니까요.

《새로 쓰는 초등 수학 교과서》는 아이들이 진정한 배움에 이르도록 수학을 어떻게 가르치는 것이 바람직한지 고민을 담았습니다. 그래서 이 책은 다음과 같은 특징을 가지고 있습니다.

**1. 문제 상황에서 배움이 시작됩니다.** 수학이라는 학문이 추상적인 것은 틀림없지만 일상생활에서도 수학 지식의 실마리를 찾을 수 있습니다. 이 책에 펼쳐진 상황은 아이들이 쉽게 접할 수 있는 것으로 생생한 현장감이 살아날 수 있도록 구성되었습니다.

**2. 생각하는 배움입니다.** 따라하기만 하면 답이 나오는, 또는 읽기만 하면 답을 얻을 수 있는 책이 아닙니다. 그래서 머리에 쥐가 난다는 비명도 들립니다. 하지만 자신의 삶과 밀접한 상황에서 생기는 문제를 다루고 해결하는 과정을 담고 있기 때문에 지루하지 않게 빠져 들 수 있습니다. 마치 미궁에 빠진 사건을 해결하는 탐정과 같이 아이들은 머리를 쥐어짜며 문제를 해결할 것입니다. 앞에서도 언급했듯이 생각하지 않고 배움에 이를 수는 없으니까요.

**3. 더불어 하는 배움입니다.** 흔히 수학은 혼자 공부하는 과목이라고 생각합니다. 하지만 어떤 배움도 자기 혼자만 하는 것은 아닙니다. 인류의 지식은 인류 공동체가 협력한 산물입니다. 자신의 생각을 남과 주고받으며 되돌아보는 작업은 배움에서 꼭 필요한 요소입니다. 이 책은 함께 공부하는 즐거움을 맛볼 수 있도록 구성되어 있습니다.

수학 문제집 같아 보이지만 자세히 보면 한 편의 동화처럼 보이도록 꾸몄습니다. 현실에 기반을 두면서도 동화라는 상상의 시간과 공간 속에서 수학적 질서와 패턴을 찾아보는 기회를 가질 수 있을 것입니다. 이 책을 제대로 학습하려면 서두르지 않고 천천히 속도를 조절해야 합니다. 만일 중간에 어려움을 느낀다면 중단해야 합니다. 그리고 시간이 조금 지나면 다시 시작하세요. 아이의 발달 상태를 기다리는 마음은 이 책에서 가장 소중하게 생각하는 것이니까요. 아무쪼록 새로운 방식의 수학을 통해 진정한 수학 학습의 즐거움을 느낄 수 있다면 더 바랄 것이 없습니다.

2007년 7월 10일

박영훈

## 교육과정 비교표

| 《백분율》책 단원 | 교과서 관련 단원 |
| --- | --- |
| 첫 번째 이야기_ 여행을 떠나요! | 수학 6-가 6. 비와 비율 |
| 두 번째 이야기_ 선택은 내 맘? 네 맘? | 수학 6-가 8. 비율그래프 |
| 세 번째 이야기_ 퍼센트를 계산해 보자구 | 수학 6-가 6. 비와 비율 |
|  | 수학 6-가 8. 비율그래프 |
| 네 번째 이야기_ 할인에 또 할인을 | 수학 6-나 8. 문제 푸는 방법 찾기 |

첫 번째 이야기_ **여행을 떠나요!**

> 이 단원에서는 일상생활 곳곳에 널려 있는 퍼센트를 살펴보고, 50%와 같이 감각적으로 어림하는 방법을 익혀 본다.

## 1. 여행 준비를 철저히!

1 각자 작성한다.

2 약 5100km.

> **지도상 유의점**
> 
> 여행 준비를 하면서 여행 갈 곳의 정보를 얻는다. 사회나 과학 교과와 연결되어 도움이 된다.
> 
> 2. 지도를 보고 축척을 이용하여 실제 거리를 구한다. 여기서는 축척을 읽는 방법과 이용하는 방법 등을 설명해 주고, 일반적인 지도에서 극지방과 적도에서 축척을 어떻게 이용해야 하는지 이야기하는 것도 좋다.

3 우리나라가 더 빠르다. 실제로 가 본 아이들은 더 정확하게 말하기도 한다.

> **지도상 유의점**
> 
> 3. 서울이 발리보다 동쪽에 있으므로 서울의 시간이 빠르다.

4 북쪽.

> **지도상 유의점**
> 
> 4. 발리는 지구의 남반구에 있다. 그래서 태양은 동쪽 → 북쪽 → 서쪽으로 움직인다.

5 각자 생각을 말한다.

> **지도상 유의점**
> 
> 5. 65%는 많거나 적다고 말하기 힘든 수치이므로 아이들에 따라 의견이 다르다. 아이들 스스로 기준을 정하게 한 후 타당한지 생각해 보도록 한다.

**6** 동일한 상태를 가정할 때, 100일 중 65일 비가 왔다는 의미이다. 여러 가지로 답할 수 있다. '일정한 지역의 65%가 비가 온다' 거나 '24시간 중에 65%의 시간만 비가 온다' 라고 잘못 말하는 학생도 있다.

> **지도상 유의점**
>
> 6. 첫 번째로 만날 수 있는 퍼센트는 '비 올 확률'이다. 우리나라에서 강수 확률 예보가 시작된 것은 1987년부터이다. 예를 들어 '오늘 서울 지방의 강수 확률이 70%라고 하는 것은 서울 어느 곳이나 비가 올 확률이 70%라는 뜻이고, 서울의 총 면적 중 70% 가량만 비가 온다는 뜻은 아니다. 그리고 하루 24시간 중에서 비가 오는 시간이 70%라는 의미도 아니다. 즉, 현재와 같은 기상 현상이 수없이 반복될 때, 100일 중 70일 정도는 비가 온다는 뜻이다. (기상청 홈페이지 http://www.kma.go.kr)

**7** (1) 60000원.
(2) 스니커즈의 정가가 120000원인데, 50%를 할인 받으면 60000원이므로 살 수 있다.

> **지도상 유의점**
>
> 7. 50% 할인은 정가의 절반 가격으로 살 수 있음을 뜻한다.

**8** (1) 은주.
(2) 똑같은 50%라고 하더라도 전체의 양이 다르면 50%를 적용한 양도 다를 수밖에 없다.

> **지도상 유의점**
>
> 8. 전체의 양이 다르면 같은 퍼센트를 적용하더라도 결과가 다르다는 것을 알게 한다.

**9** 정가를 모르는 상태에서는 할인 받은 가격만으로 할인을 얼마나 받았는지 추측할 수 없다.

**10** 은주의 입장 : 50000원을 기준으로 볼 때, 100000원은 100%가 추가된 금액이다.
은기의 입장 : 100000원을 기준으로 볼 때, 50000원은 그 절반이므로 50%에 해당된다.

> **지도상 유의점**
>
> 9. 은주와 은기는 같은 퍼센트를 할인 받았지만 할인 가격이 다르고, 은기와 엄마는 같은 가격을 할인 받았지만 할인 퍼센트가 다르다는 것을 알게 한다.
> 10. 두 가지 양을 비교할 때, 어느 것을 기준으로 하느냐에 따라서 퍼센트의 수치가 다를 수 있음을 알게 한다. 이는 단순히 역수의 관계가 되는 것이 아니기 때문에 복잡한 계산을 해야 한다. 여기서는 다를 수 있다는 사실만 알아본다.

## 2. 슈퍼마켓에는 먹을 것도 많고 할인도 많고

1. 7시 40분 : 가, 8시 : 다, 9시 45분 : 나.
   문 닫을 시간이 다가올수록 할인 폭이 커진다.
2. 절반을 할인 받으므로 1200원이다.
3. 15000원의 절반은 7500원이므로 살 수 있다.
4. 두루마리 휴지의 절반 가격은 11550원이므로 휴지는 살 수 없다. 하지만 다른 물건은 1개씩 모두 살 수 있다. 같은 물건을 2개 이상 사려면 가격의 한도 안에서 조합해 볼 수 있다.

   > **지도상 유의점**
   >
   > 시장이나 슈퍼마켓에서는 가격을 할인한 물건이 많이 있다. 일상생활 곳곳에서 퍼센트를 찾을 수 있고, 우리 생활에서 퍼센트가 친숙하게 사용되고 있음을 알게 한다. 여기서도 엄밀한 계산보다는 어림을 하게 한다.
   >
   > 4. 가능한 경우를 조합해 보도록 한다.

5. 세 가지 상품의 가격을 합치면 약 34000원이므로 17000원 정도.

   > **지도상 유의점**
   >
   > 5. 계산을 정확하게 하지 말고, 감각적으로 대략적인 수치만 구하도록 한다.

6. 바게트 2개를 1개 가격으로 살 수 있으므로, 6개를 사려면 3개의 가격을 지불하면 된다.

   > **지도상 유의점**
   >
   > 6. 이런 경우에 몇 퍼센트 할인이라고 할 수 있는지 물어본다. '3+1 행사' 같은 경우에는 4개 중 하나가 공짜이므로 25% 할인이 된다.

7. 50%는 절반이므로 그림과 같다.
8. 100%는 전체와 같다.

## 연습 문제

1  여러 가지 대답이 가능하다.

예 · 같은 내용이지만 왼쪽 기사는 대략적인 수치이고, 오른쪽 기사는 정확한 자료이다.
· 아니다. 숫자도 다르고, 오른쪽 기사는 조사한 지역이 어딘지 정확하게 알 수 없다.

> **지도상 유의점**
>
> 1. 41.2%가 더 자세한 표현이다. 그러나 이를 약 40%로 볼 수 있으므로 두 신문 기사는 같은 내용을 전한다고 할 수 있다. 또는 통계 수치의 정확성을 강조하면서 다른 기사라고 주장할 수도 있다.

2  각자 생각을 말한다.

예 · 시험 문제가 24문제였다면 칭찬받는다.
· 시험 문제가 24개 이하면 칭찬받고, 24개 이상이었다면 혼났을 것이다.

> **지도상 유의점**
>
> 2. 시험 문제가 총 몇 개인지 모르기 때문에 12문제를 맞춘 우정이가 칭찬을 받을지 혼날지 전혀 알 수 없다. 학생들이 어려워한다면, '전체 문제가 50개라면', '전체 문제가 20개라면' 등의 질문을 던져서 결과만으로는 전체에 대한 퍼센트를 어림할 수 없음을 알게 한다.

3  (1) 퍼센트의 합은 100이어야 한다.
   (2) · 여러 날을 조사하여 정리했다.
       · 중복해서 답해도 되는 조사였다.

> **지도상 유의점**
>
> 3. (1) 퍼센트의 총합은 100이 되어야 한다. 100이 넘거나 모자라는 경우는 잘못된 분석으로 볼 수 있다.
> (2) 동일한 사람이 여러 가지 경우에 해당되면 중복해서 답할 수 있도록 한 조사이다. 이 경우에 100%를 넘는 것은 당연하다. 하지만 이때는 100을 기준으로 한 수치가 중요한 것이 아니라 전체에서 가장 많은 양을 차지하는 것이 의미가 있다.

4  50% 줄어들었다.

> **지도상 유의점**
>
> 4. 앨리스는 세 번째 변신 후에 60cm가 되는데, 원래 키(124cm)와 비교할 때 약 절반에 해당된다.

## 상상 + 논술

**예**
- 기준치를 구하고, 백분율을 구한다.
- 난 이미 수학 학원에서 백분율을 배웠는데 그림의 내용이 백분율 같다.
- 영양 성분을 잘 보고 음식을 사야겠다.
- 각 영양 성분의 퍼센트를 잘 알아보았다.

**예**
- 1＋1 행사는 바게트를 2개 사기는 하지만 1개의 값만 내므로 50%를 할인 받는 것과 같다.
- 바게트 1＋1은 50% 할인이고, 식빵 3＋1은 25% 할인이다.

> **지도상 유의점**
>
> **상품의 성분표를 보면서 여러 가지 사항을 생각해 본다.**
>
> - 전체의 양이 ○○이므로 5%인 칼슘은 ○ 정도 들었다.
> - 실제로 제품에 포함된 양이 생각보다 적은지 많은지 이야기해 본다.
> - 다른 회사의 비슷한 제품과 비교해 본다.
>
> **복잡하게 계산하려면 비례식을 풀어야 하는데, 여기서는 전체에 대한 부분의 비율, 즉 퍼센트만 가능할 정도로 다룬다.**
>
> - ○개의 빵을 사려면 얼마가 필요할까?
> - 금액으로는 얼마나 할인 받을 수 있나?
> - 퍼센트로는 얼마나 할인 받을 수 있나?
> - 각각의 계산법을 설명한다.(같은 내용이라도 다양하게 설명할 수 있음)

## 두 번째 이야기_ 선택은 내 맘? 네 맘?

> 이 단원에서는 의사 결정을 위하여 자료를 조사할 때, 분수로 나타내는 경우와 퍼센트로 나타내는 경우 중 어느 것이 더 편한지를 결정한다.

### 1. 발리 여행도 가지가지!

1 관광 코스, 식사 메뉴, 숙박할 호텔 등에서 질적인 차이가 난다.

> **지도상 유의점**
>
> **여기서는 의사 결정을 위하여 자료를 정리하는 것을 목적으로 한다.**
>
> 1. 두 코스가 가격에서 차이가 나는데, 차이가 나는 이유가 무엇인지 생각해 보게 한다. 가격 차를 무시하고 하나를 선택할 수 있을 때는 그만한 가치가 있어야 한다.

2 각자 생각을 말한다.
  · 현지 안내인의 상황, 여행 가격을 고려한다.
  · 가격, 편리함, 관광 코스 등.

> **지도상 유의점**
>
> 2. 가격이나 쾌적한 여행을 할 수 있는지 여부 등을 고려할 수 있다. 또는 가족 수나 가족 구성원의 나이를 고려해서 관광 코스를 조정할 수도 있다.

3 친구들의 답과 비교해 본다.
4 일반적으로 여행사 입장에서는 가격이 가장 중요하겠지만, 가족의 나이나 가족 수 등이 고려 대상이 될 수 있다.
5 럭셔리 코스 : 10, 알뜰 코스 : 40.
6 럭셔리 코스 : 5, 알뜰 코스 : 30.
7 알뜰 코스.

> **지도상 유의점**
>
> 7. 해외여행이 활기를 띠지 않았을 때는 저렴한 가격의 여행을 더 선호했다.

8 럭셔리 코스 : $\frac{5}{10} = \frac{1}{2}$ .

알뜰 코스 : $\frac{30}{40} = \frac{3}{4}$ .

| 날짜 | 여행 코스 | 신청한 가족 수 |
|---|---|---|
| 5월 21일 | 럭셔리 코스 | $\frac{5}{10}$ 또는 $\frac{1}{2}$ |
| 5월 21일 | 알뜰 코스 | $\frac{30}{40}$ 또는 $\frac{3}{4}$ |

**지도상 유의점**

8. 약분은 하지 않아도 된다. 두 수의 크기를 비교할 수 있을 정도로만 나타내도록 한다.

9 럭셔리 코스 :

알뜰 코스 :

**지도상 유의점**

9. 그림도 정확할 필요는 없다. 전체의 양에 대하여 올바른 양을 나타내면 된다.

10 럭셔리 코스.

**지도상 유의점**

10. 전체와 비교했을 때 적은 수를 찾는 것이다. 럭셔리 코스는 절대 비교 또는 상대 비교를 해도 적은 수치가 나온다. 하지만 이유를 설명하는 과정에서는 전체 예상 가족 수에 비해서 적다는 것이 언급되어야 한다.

11 럭셔리 코스. 예상보다 적은 수의 가족이 신청했기 때문에.

**지도상 유의점**

11. 예상된 가족 수보다 적기 때문에 없애야 한다는 것이 이유가 되어야 한다. 예를 들어, 예상 가족 수가 5가족인데 4가족이 신청했다면 이는 80%에 이르는 놀라운 예약률이다. 학생들이 절대 비교를 하지 않도록 주의한다.

12 럭셔리 코스 : 16, 알뜰 코스 : 18.

**지도상 유의점**

12. 럭셔리 코스의 수를 늘리고, 알뜰 코스의 수를 줄였다. 여기서는 전체의 양이 변한 사실을 따로 언급하지 않는다.

**13~15.** 표를 완성하면 다음과 같다.

| | 발리 럭셔리 | 동남아 A | 아프리카 특급 | 호주 C |
|---|---|---|---|---|
| 신청한 가족 수 | 16 | 32 | 4 | 20 |
| 신청 가능한 가족 수 | 20 | 40 | 5 | 25 |

| | 발리 알뜰 | 동남아 B | 미주 보통 | 유럽 |
|---|---|---|---|---|
| 신청한 가족 수 | 18 | 6 | 30 | 60 |
| 신청 가능한 가족 수 | 30 | 10 | 50 | 100 |

 지도상 유의점

13. 표에서 전체의 양을 아래 칸에 배치해서 학생들이 쉽게 분수를 연상할 수 있도록 하였다.

14~15번 문제는 비율표 연산을 연습하는 것이다. 분자와 분모의 양이 같은 정도로 변할 때, 즉 두 양이 같은 비를 유지하면서 변할 때, 비율표를 이용하면 편리하다는 것을 알게 한다.

14. 다음과 같이 계산한다.

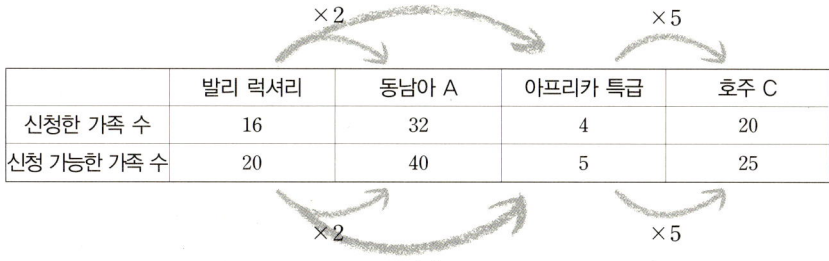

15. 다음과 같이 계산한다.

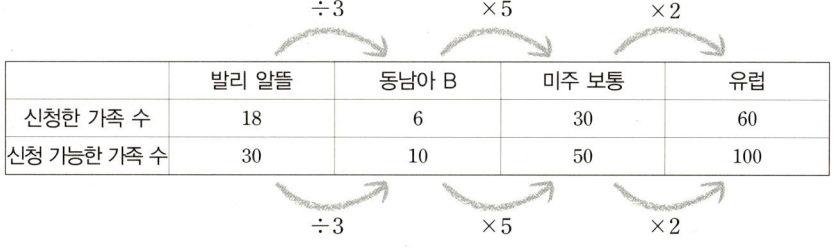

**16** 럭셔리 코스 : 

알뜰 코스 : 

> **지도상 유의점**
> 
> 마지막 열에 전체의 양을 100으로 하여 퍼센트를 계산하는 연습을 하도록 한다.
> 
> 16. 정확한 계산을 하지 말고 전체와 비교하여 적당히 양이 표시되도록 한다.

**17** 알뜰 코스가 럭셔리 코스보다 신청한 가족 수는 더 많지만 예상된 전체 양과 비교해 볼 때 생각보다 적다는 것을 알 수 있다.

> **지도상 유의점**
> 
> 17. 절대 비교에서 신청한 가족 수가 많더라도 띠그래프에서는 적은 부분을 차지할 수 있다. 왜 이런 결과가 나왔는지 생각하도록 한다.

**18** 럭셔리 코스.

> **지도상 유의점**
> 
> 18. 띠그래프에서 많은 부분을 차지한 것이 반응이 좋은 것이다.

**19** 띠그래프를 완성하면 다음과 같다.

(1) **5년 전**

〈럭셔리 코스〉

〈알뜰 코스〉

**2년 전**

〈럭셔리 코스〉

〈알뜰 코스〉

(2) **럭셔리 코스**

〈5년 전〉

〈2년 전〉

**알뜰 코스**

〈5년 전〉

〈2년 전〉

> **지도상 유의점**
> 
> 19. 어떤 결정을 내리기 위하여 자료를 정리하는 과정이다. 시간에 따른 정리와 각 코스에 따른 정리 중 어느 것이 보기 편한지 이야기 하도록 한다.

20 럭셔리 코스는 전체에 대하여 차지하는 범위가 늘었다. 알뜰 코스는 전체에 대하여 차지하는 범위가 줄었다.

21 시각적으로 곧바로 볼 수 있는 것이 편하다.

> **지도상 유의점**
> 21. 두 양 사이의 차이가 적은 경우는 띠그래프보다는 정확한 수치로 나와 있는 것이 나을 수 있다. 이 때도 표보다는 퍼센트가 편하다.

22 신청자의 퍼센트 수치(전체에 대하여 차지하고 있는 양)를 뜻한다.

> **지도상 유의점**
> 22. 럭셔리 코스는 증가, 알뜰 코스는 감소하고 있다. 이때 두 그래프가 만나지 않으면 세로축은 신청한 가족 수이고, 본문의 그림과 같이 만나면 세로축은 신청한 가족의 퍼센트 수치이다.

23 보고서의 결론은 두 가지로 낼 수 있다.

**예** · 둘 다 그대로 유지하기로 했다.
  · 럭셔리 코스를 신청한 가족 수는 늘어나고, 알뜰 코스를 신청한 가족 수는 줄어들기 때문에 알뜰 코스를 없애야 한다.

## 연습 문제

1  A 강의실 : $\frac{15}{40}, \frac{25}{40}$. B 강의실 : $\frac{3}{20}, \frac{17}{20}$.

2  A 강의실

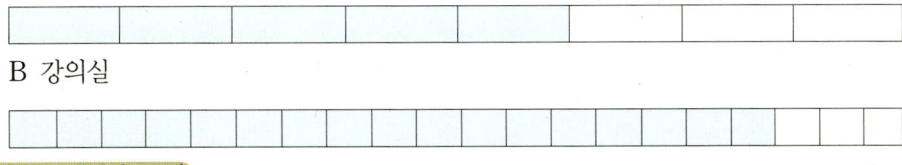

B 강의실

> **지도상 유의점**
> 2. 띠그래프는 두 자료의 상대적인 크기만 비교할 수 있을 정도로 그린다. 지나치게 자세하게 그리지 않도록 한다.

3  B 강의실. 수강생들의 출석률이 높기 때문이다.

> **지도상 유의점**
>
> 3. 처음 신청한 학생들을 기준으로 볼 때, 빈 자리가 많으면 어떤 이유든 수강생들이 만족하지 못하고 있다는 의미로 해석할 수 있다. 또는 강의의 질과 상관없이 강의 시간 등 다른 영향을 받을 수도 있다. 본문에서는 강의 시간에 대한 언급이 없기 때문에 자의적으로 해석할 수 있다.

4  A 강의실 : 90%, B 강의실 : 60%, C 강의실 : 15%, D 강의실 : 70%.
5  A 강의실 : 90명, B 강의실 : 120명, C 강의실 : 300명, D 강의실 : 350명.
6  B 강의실.


## 상상 + 논술

**예** · 주차 가능 공간이 많을수록 좋다. 그래서 A주차장 쪽으로 간다.

> **지도상 유의점**
>
> **다음과 같은 토의가 되도록 한다.**
>
> - 주차 가능 공간을 숫자로 나타내는 것이 편할까, 분수로 나타내는 것이 편할까?
> - 여러분이라면 두 주차장 중 어느 주차장을 사용할 것인가?
> - 두 번째 주차장이 더 차 있는 이유가 무엇일까?
> - 만약 두 개의 주차장 중 하나를 확장한다면 어느 곳을 넓혀야 좋을까?

**예** · 요즘 들어서 노후 대비를 하는 사람들이 늘고 있다.

> **지도상 유의점**
>
> **두 자료를 비교하기 위해서는 띠그래프 외에 원그래프를 이용하면 좋다.**
>
> - 원그래프와 띠그래프의 차이점은 무엇일까?
> - 두 자료의 결과를 분석해 본다.
> - %가 주어지지 않았을 때와 주어졌을 때 어느 것이 편한가?

## 세 번째 이야기_ 퍼센트를 계산해 보자구

> 이 단원에서는 실생활에서 만날 수 있는 퍼센트를 계산하기 위하여 세 가지 방법을 시도해 본다.
> 띠그래프, 비율표, 단위 퍼센트를 이용해서 계산해 본다.

### 1. 대~한민국! 짝짝짝짝짝

1  30명.

2  40%.

〈30명〉

**지도상 유의점**

여기서는 띠그래프를 이용하여 퍼센트를 구하는 방법을 연습한다. 띠그래프를 이용하면 자세한 수치를 구하기는 힘들고, 대략적인 양만 가능할 수 있다.

2. 먼저 전체의 양을 가늠한 후에 해당되는 자료의 수를 표시해 본다. 띠그래프를 이용하여 %를 구하기는 쉽지 않다. 그래서 자세한 계산보다는 어림으로 결과를 생각하도록 한다. 30명의 50%는 15명인데, 붉은악마 뿔을 좋아하는 학생은 12명이므로 50%보다 적은 위치를 찾아내면 충분하다.

3  33%.

〈30명〉

**지도상 유의점**

3. 30명 중에 10명이므로 전체의 $\frac{1}{3}$을 차지한다. 그래서 약 33%라고 하면 된다.

4  50%.

**지도상 유의점**

4. 학생들이 생각하기 편하도록 띠그래프를 10칸으로 나누어 놓았다. 해당 칸 수를 세면 된다.

5  35%.

6 
| 응원 도구 | 붉은악마 창 | 붉은악마 뿔 | 붉은악마 두건 | 태극기 |
|---|---|---|---|---|
| 인원 수 | 20 | 14 | 4 | 2 |

7 
|  | 6학년 전체에서 해당 학생 수 |
|---|---|
| 붉은악마 창 | 180 |
| 붉은악마 뿔 | 126 |
| 붉은악마 두건 | 36 |
| 태극기 | 18 |

> **지도상 유의점**
>
> 7. 이 문제를 풀기 위해서는 다음과 같이 비율표를 이용하는 것도 편리하다.
>
> ×9
>
> |  | 기영이네 반 | 6학년 전체에서 해당 학생 수 |
> |---|---|---|
> | 붉은악마 창 | 20 | 180 |
> | 전체 수 | 40 | 360 |
>
> ×9
>
> 각 단계에서 필요한 계산을 하는 것보다는 비율표를 이용하는 것이 편리함을 알게 한다.

## 2. 할인 카드로 배부르게, 재미있게

1 
| 할인 받은 가격 | 5000 | 10000 | 2000 | 20 |
|---|---|---|---|---|
| 원래 가격 | 25000 | 50000 | 10000 | 100 |

> **지도상 유의점**
>
> **여기에서는 비율표로 계산하는 법을 다시 연습한다.**
>
> 1. 표의 마지막 칸에 100을 넣어서 %로 쉽게 바꿀 수 있도록 하였다.

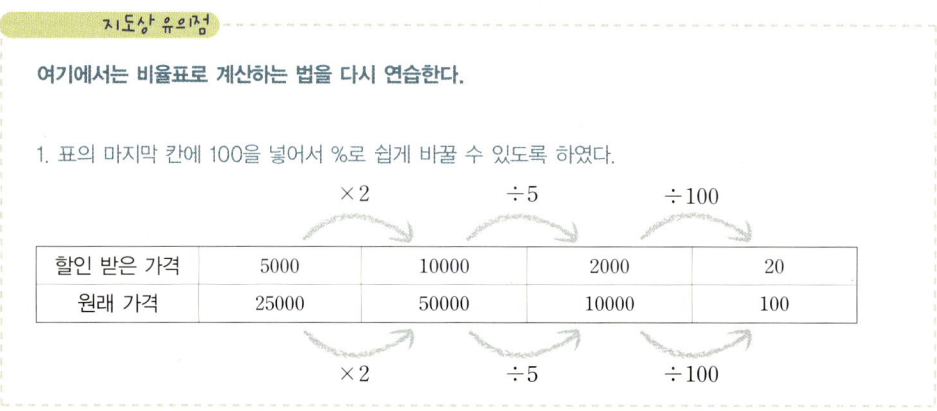

**2** 20%.

> 지도상 유의점
> 
> 2. 위에 있는 표를 사용하면 쉽게 구할 수 있다. 100원짜리를 샀다고 가정했을 때 할인 받는 금액이 바로 할인 받을 수 있는 퍼센트이다.

**3** 다양한 의견을 말한다.
- 계산을 쉽게 할 수 있다.
- 비교하기 쉽다.

> 지도상 유의점
> 
> 3. 비율표를 이용하면 여러 단계를 거쳐야 하지만, 한 자리 수의 곱셈과 나눗셈만으로 계산을 쉽게 할 수 있는 장점이 있다.

**4** 3600원.

> 지도상 유의점
> 
> 4. 20%를 할인 받을 수 있으므로, 18000원의 10%는 1800원. 20%는 10%의 두 배이다. 또한 다음과 같이 비율표를 이용할 수 있다.
> 
>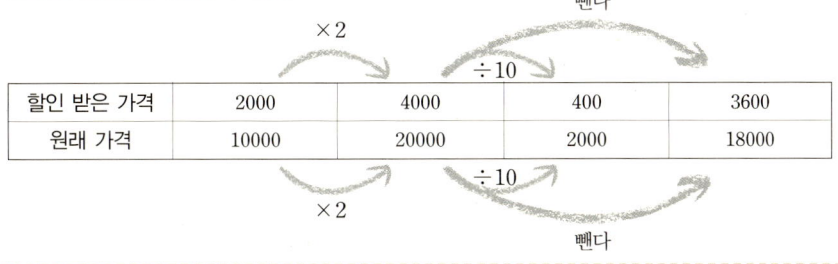

**5** 순서대로 ÷9, ÷3, ÷10을 하였다.

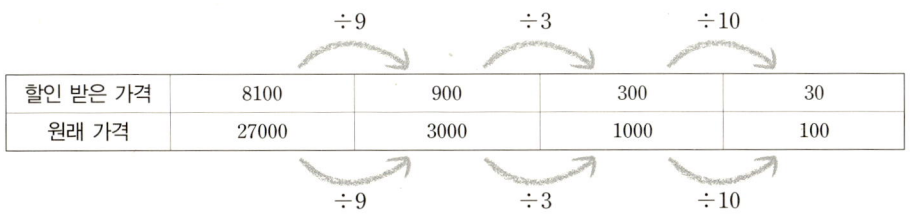

**6** 30%.

**7**

| 할인 받은 가격 | 30 | 3000 | 2100 | 5100 |
|---|---|---|---|---|
| 원래 가격 | 100 | 10000 | 7000 | 17000 |

> 지도상 유의점
> 
> 7. 비율표를 이용하여 위와 같이 계산하도록 한다. 이때 반드시 책에 나와 있는 표를 이용할 필요는 없다. 빈칸의 표를 제시하여 학생들이 자유롭게 계산하도록 한다.

## 3. 내 포인트는 얼마야?

1  사탕.

> **지도상 유의점**
>
> 여기에서는 단위 퍼센트를 이용하는 방법을 학습한다. 계산하기 편한 단위 %는 1%, 10%, 25%, 50%, 33% 등이 있다. 복잡한 계산을 위한 기초가 되므로 전체에 대한 그 양을 익히도록 한다.
>
> 1. 100원짜리를 샀을 때 15원짜리를 받을 수 있다. 그러므로 1000원짜리를 샀을 때 150원짜리의 사은품을 받을 수 있다.

2  650＋325＝975원.

> **지도상 유의점**
>
> 2. 15%는 10%와 5%의 합이므로 10%와 5%에 해당하는 650원과 325원의 합만큼 사은품을 받을 수 있다.

3  17000원의 10%는 1700원, 5%는 850원이므로 2550원이다.

4  여러 가지 방법으로 조합해 본다.

> **지도상 유의점**
>
> 4. 2550원 이내로 받을 수 있는 사은품은 곰 인형을 제외하고 모두 가능하다. 형광 펜은 2개까지, 일과 스티커는 10개까지, 사탕은 25개까지 받을 수 있다. 사은품들을 여러 가지 섞어서 조합하는 경우도 생각해 보게 한다.

5  570원 이내에서 사은품을 고른다.

6  순서대로 8670원, 1845원, 1440원.

> **지도상 유의점**
>
> 5. 3800원의 10%는 380원. 3800원의 5%는 380원의 절반이므로 300원의 절반과 80원의 절반을 더한다. 380+150+40=570이 나온다.
>
> 6. 10%+5%의 방법으로 계산한다. 비율표를 이용할 수도 있지만, 여기에서는 단위 %를 이용하도록 한다.

7  예를 들어 8670원의 경우 다음과 같이 사은품을 고를 수 있다.

| 사은품 | A | B | C | D |
|---|---|---|---|---|
| 개수 | 2 | 1 | 2 | 1 |
|  | 4 | 5 | 1 | 1 |
|  | 3 | 10 | 0 | 1 |

> **지도상 유의점**
>
> 7. 고를 수 있는 모든 사은품의 그룹을 목록으로 만들 필요는 없다. 학생에게 필요로 하는 사은품을 먼저 고르게 한 후, 나머지는 계산하기 편하게 채우도록 한다.

8  띠그래프를 그려 보면, 약 $\frac{1}{3}$에 해당됨을 알 수 있다.

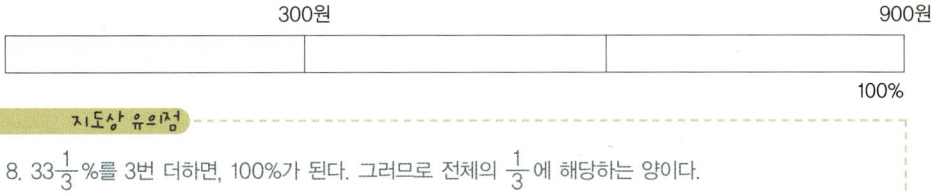

> **지도상 유의점**
>
> 8. $33\frac{1}{3}$%를 3번 더하면, 100%가 된다. 그러므로 전체의 $\frac{1}{3}$에 해당하는 양이다. 퍼센트임을 주의하자. 간혹 33%만을 계산하는 경우도 있다.

9  $\frac{1}{3}$.

10  1500원.

11  $\frac{1}{100}$.

> **지도상 유의점**
>
> 10. 4500을 3으로 나누면 1500원.
> 11. 100개로 나누었을 때, 그 중의 하나이므로 분수로 쉽게 표현할 수 있다.

12  10원.

13  1%의 두 배이므로 20원.

14  1680원.

15  315000원이다.

2%에 해당하는 금액이 6300원. 1%에 해당하는 금액은 3150원.

사용한 금액은 100%이므로 315000원이다.

> **지도상 유의점**
>
> 14. 84000원의 1%는 840원이고, 2배를 하면 된다. 1680원이다.
> 15. 아이들 중 간혹 6300원의 50배를 할 수도 있으나 계산이 쉽지 않다.

## 연습 문제

1  1000원.

> **지도상 유의점**
> 1. 25%는 $\frac{1}{4}$이므로 4000원의 $\frac{1}{4}$을 계산하거나, 25%는 50%의 절반이므로 띠그래프를 반으로 두 번 나누어 구한다.

2  3000원이다. 일치한다.

3  12000원.

| 6000 | 6000 |  |  |  |  |  |  |  |  |

4  48000원.

> **지도상 유의점**
> 3. 20%는 10개 중 2개에 해당하므로 6000원의 2배를 구한다.
> 4. 60000원의 80%를 계산해도 좋고, 60000원에서 12000원을 빼도 좋다.

5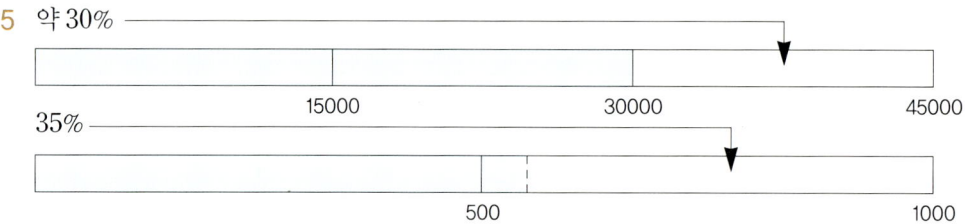

> **지도상 유의점**
> 5. 안경은 $\frac{1}{3}$에 해당하는 금액보다 약간 적다. 그러므로 33%보다 적은 값으로 읽을 수 있으면 된다.
> 수첩은 정가가 1000원이므로 쉽게 할인율을 구할 수 있다.

6  70%.

7  30%.

> **지도상 유의점**
> 6~7. 비율표를 이용하면 좀 더 자세한 계산을 할 수 있음을 알게 한다.

## 상상 + 논술

**예**
- 백인의 비율이 줄었다.
  - 백인의 비율은 줄고 나머지는 늘었다.
  - 2005년에는 백인이 전체의 $\frac{2}{3}$ 정도를 차지했지만, 2050년에는 백인의 비율이 전체의 약 $\frac{1}{2}$이기 때문에 백인의 수는 줄어들 것이다.

**예**
- 남학생이 더 뚱뚱하다.
- 남녀 모두에게 비만이 늘고 있다.
- 1980년부터 2002년까지 남학생이 여학생보다 비만 유발률이 훨씬 높아지고 있다.

---

**지도상 유의점**

**띠그래프를 보고 발견할 수 있는 사실을 이야기한다.**

- 각 항목별로 증가량과 감소량을 가늠할 수 있다.
- 전체 인원을 임의로 제시했을 때, 연도별로 각 항목별 인원을 계산해 본다.
- 띠그래프를 보고 각 항목을 분수로 나타내 본다.
- 2100년의 예상 그래프를 그려 보게 한다.

**%를 정리한 그래프를 보고 발견할 수 있는 사실을 이야기 한다.**

- 연도별로 정리하고 남녀 학생을 비교한다.
- 증가율이 큰 것을 골라 본다.

### 네 번째 이야기_ 할인에 또 할인을

이 단원에서는 실생활에서 만날 수 있는 퍼센트를 여러 가지 방법을 사용하여 계산해 본다. 앞 단원과 다르게 계산 과정이 어려울 수 있으므로 계산기를 사용해도 좋다.

## 1. 쇼핑을 하자

1  45%는 50%에서 다시 5%를 빼면 된다. 30000원의 50%는 15000원, 5%는 1500원이므로 지불해야 하는 금액은 13500원이다.

> **지도상 유의점**
>
> **여기서는 %를 분수로 고쳐서 계산하는 방법을 학습한다.**
>
> 1. 그림으로 나타낼 수도 있다.

2  45%는 10%씩 4번 더하고 5%를 1번 더한다. 30000원의 10%는 3000원이므로 $3000 \times 4 + 1500 = 13500$(원)이다.

> **지도상 유의점**
>
> 2. 분수로 고치는 방법을 연습해야 하지만, 단위 %가 쉽다고 생각하는 학생이 있을 수 있다.

3  25%는 절반의 절반이다. 그러므로 절반의 절반을 구한다. 또는 $\frac{1}{10}$씩 2번 더하고 $\frac{1}{10}$의 절반을 구하여 더한다. 60000원을 내야 한다.

4  25%는 $\frac{1}{4}$과 같은 값이므로 80000원의 $\frac{1}{4}$을 할인 받을 수 있다.

> **지도상 유의점**
>
> 3. 각자 의견이 다를 수 있으며, 그림으로 설명하는 것도 좋다.
> 4. 다른 방법으로 설명해 보도록 한다.

5  (1) 240, $\frac{1}{10}$ 사용.   (2) 1800, $\frac{3}{4}$ 사용.   (3) 720, $\frac{3}{10}$ 사용.

   (4) 840, $\frac{35}{100}$ 사용.   (5) 480, $\frac{1}{5}$ 사용.   (6) 1920, $\frac{4}{5}$ 사용.

> **지도상 유의점**
> 5. 분수로 고칠 때 분모를 100으로 할 필요는 없다. 계산하기 편한 형태로 고쳐서 계산한다.

6  31500원.

7  본문 참조.

> **지도상 유의점**
> 6. 45000원에서 30%를 빼고 70%에 해당되는 금액을 내면 된다.
> 7. 본문의 85쪽에 설명되어 있다. 20%를 할인하고 남은 금액에서 다시 10%를 할인하므로 총 28% 할인이 된다.

8  45000원의 20%는 9000원이므로 36000원이 20% 할인한 값이다.

   36000원의 10%는 3600원이므로 36000원 − 3600원 = 32400원이다.

9  각자 생각을 이야기한다.

> **지도상 유의점**
> 8. 순서대로 계산하는 것이 편리하며, 45000원×28(%)를 해도 좋다.
> 9. 그림을 그리거나 다양한 방법으로 설명할 수 있으나 기본 틀에서 벗어나지 않게 한다.

## 2. 골라~ 골라~

1  예를 들어, 책상 스탠드의 경우는 다음과 같이 비교할 수 있다.

| | % 할인 | 금액 할인 |
|---|---|---|
| 책상 스탠드 | 12000원 | 10000원 |

그러므로 % 할인이 더 싸다.

2

| 상품 | 원래 가격 | % 할인 | 금액 할인 |
|---|---|---|---|
| 책상 스탠드 | 120000 | 12000 | 10000 |
| 게임 CD | 31000 | 6200 | 6500 |
| 지갑 | 24000 | 3600 | 3600 |
| 자전거 | 105000 | 12600 | 15000 |
| 청바지 | 83000 | 24900 | 22000 |
| 양말(개당) | 3600 | 180 | 200 |

> **지도상 유의점**
>
> **실제 생활에서 만나는 %를 계산해 본다.**
>
> 1. 각자 고른 결과를 계산해 본다.
> 2. % 할인 계산은 학생들이 편하게 생각하는 방법으로 하게 한다. 비율표를 이용하거나 분수로 고치기 또는 단위 %를 이용한다.

## 3. 자동차는 배고프면 주유소를 가지!

1  35리터.

2  35×40=1400(원).

3  80%.

> **지도상 유의점**
>
> 3. 그림으로 나타낼 수도 있다.
>
> 1200원은 1500원의 $\frac{4}{5}$에 해당하므로 80%이다. 또는 $\frac{1200}{1500}=\frac{12}{15}=\frac{4}{5}$이므로 80%이다.

4  40원의 80%를 할인 받을 수 있다. 32원이다.

> **지도상 유의점**
>
> 4. 할인 받는 금액도 정가의 %와 같은 정도임을 이해해야 한다.

5  125%.

> **지도상 유의점**
>
> 5. 1500원=1200원+300원. 300원은 1200원의 25%이므로 휘발유 가격은 경유 가격의 100+25(%)에 해당한다. 그림을 그릴 수도 있다.

6  다양한 의견을 말한다.

> **지도상 유의점**
>
> 6. 여기서는 단순 계산보다 그림을 이용한 계산, 비율표를 이용한 계산을 권하고 있다. 학생들에게 다른 방법을 소개해 준다.

## 4. 광고 전단지는 정보 덩어리

1  1%는 100개 중에 1개이므로 $\frac{1}{100}$이다.
2  원래 가격 할인가를 비교할 수 있는 제품을 골라 계산해 본다.
3  (1) 174.8      (2) 8206.4      (3) 49234.2      (4) 629646

> **지도상 유의점**
>
> 3. 여기서는 계산기를 사용하는 연습을 한다. 계산기를 사용하기 위해서는 %를 소수로 바꾸는 것이 편리하다.

4  $\frac{7850}{15700}=0.5$, 50% 할인.

> **지도상 유의점**
>
> 4. 지불하는 금액이 정가의 몇 %인가를 먼저 계산하고 100에서 뺀 값을 구하는 것이 편하다. 여기서는 비율표나 그림을 이용하지 않고 계산기를 사용한다.

5  $\frac{3760}{9400}=0.4$, 60% 할인이므로 쏙쏙 가루비누가 더 할인된다.
6  60% ~ 13%.

> **지도상 유의점**
>
> 6. 과즙은 약 30% 할인, 참기름은 약 50% 할인, 라면은 약 13%, 휴지는 50%, 가루비누는 60%가 할인되므로 할인율이 높은 것을 앞쪽에 적어서 소비자의 시선을 끌도록 한다. 또는 9400원의 50%는 4700원. 3760원은 4700원 보다 적으므로 쏙쏙 가루비누가 더 많이 할인된다. 숫자를 크기 순으로 배열하기 위하여 13%를 앞에, 60%를 뒤에 배열할 수도 있다.

## 5. 스피드~ 스피드~ 업!

1  7500만의 10%는 750만. 40%는 750만×4=3000만 명이다.

2  2000만 달러로 생각하면 80%이다.

> **지도상 유의점**
> 1. 실제 계산은 편한 방법으로 한다. 계산기를 이용하는 것은 피하고 비율표나 그림을 이용한다.
> 2. 1500만 달러로 계산할 수도 있다. 아니면 평균값인 1750만 달러로 계산해도 좋다.

3  창틀 : $\frac{50}{2500}=\frac{1}{50}=\frac{2}{100}$, 2%. 트렁크 : $\frac{400}{2500}=\frac{8}{50}=\frac{16}{100}$, 16%.

> **지도상 유의점**
> 3. 퍼센트의 합이 100이 되지 않을 수도 있다. 경계선의 값으로 계산하면 오차가 생길 수 있다. 범위에 있는 값 중에서 계산하기 편한 값을 취하도록 한다.


## 6. 축구 응원하러 모여모여

1  80000명.

> **지도상 유의점**
> 1. 표시한 부분은 전체 영역의 $\frac{1}{800}$ 정도에 해당된다. 그러므로 100×800=80000(명)이다. 여기서는 정확한 수치가 아니라 대략적인 값을 구하는 것으로 한다.

2  25%는 $\frac{1}{4}$에 해당하므로 80000명의 $\frac{1}{4}$은 20000명이다.

> **지도상 유의점**
> 2. 25%는 $\frac{1}{4}$이므로 80000명의 $\frac{1}{4}$을 구한다. 또는 다음과 같이 생각할 수 있다. 25%는 절반의 절반이므로 80000명의 절반은 40000명. 40000명의 절반은 20000명이다.

3  약 30000명.

4  38%.

> **지도상 유의점**
>
> 3. 사진 속의 상황을 볼 때, 사람들이 빽빽이 들어서 있으므로 1951×15=29265. 대략 30000명 정도로 어림하면 된다.
> 4. 80000명 중 30000명이므로 $\frac{3}{8}$에 해당한다. $\frac{1}{8}$은 25%의 절반이므로 12.5%이다. 그러므로 $\frac{3}{8}$은 25+12.5=37.50이다. 즉, 약 38%이다.

5  약 8000명.

> **지도상 유의점**
>
> 5. 서울 시청 앞 서울광장의 넓이를 약 2000평이라 하고, 사람들이 여유있게 들어서 있으므로 2000×$\frac{2}{5}$=800(평), 800×10=8000(명)으로 계산한다.

6  80000명 중 8000명에 해당되므로 10%이다.

7  8000명에서 80000명으로 증가했으므로 증가율은 10배이다. 퍼센트로 나타내면 1000%이다.

> **지도상 유의점**
>
> 7. 일반적으로 퍼센트의 총합은 100이 되어야 하지만, 증가율을 고려할 때는 100%가 넘는 경우가 많다. 원래의 수보다 10배로 늘어났으므로 증가율은 100%의 10배, 즉 1000%이다.

## 7. 우리나라 살림살이는 어떻게?

1  사회복지, 25%.

2  13%.

3  8%.

4  5%는 10%의 절반이다. 29조의 10%는 2조 9000억. 그 절반은 1조 4500억이다.

5  82조 5000억. 약 40%.

> **지도상 유의점**
>
> 계산 방법에 구애받지 않고 계산한다. 복잡한 경우에는 계산기를 사용해도 좋다. 국가 예산의 경우, 워낙 수치가 크기 때문에 편리한 방법을 선택하도록 한다. 특히 금액의 단위가 크기 때문에 억 단위 미만은 생략해서 계산해도 좋다는 것을 알려 준다.

5. 표에 제시되지 않은 부분의 금액이 약 80조이고, 총 국가 예산이 약 200조이므로 비율표로 계산하면 다음과 같다.

| 부분 예산 | 80조 | 40조 |
|---|---|---|
| 총 예산 | 200조 | 100조 |

# 연습 문제

**1** 약 43조원.

<지도상 유의점>

1. 다음과 같이 계산할 수 있다.

| 기부금 | 85% | 37조 |
|---|---|---|
| 남은 돈 | 15% | 6조 |

약 6배

그러므로 37조의 약 $\frac{1}{6}$에 해당하는 금액이 남아 있는 금액이다. 즉 6조. 따라서 기부하기 전 재산의 규모는 37조+6조=43조이다.

**2**

| 물품 | 이전 가격 | 변화 | 새 가격 | 이전 가격에 대한 새 가격의 퍼센트 |
|---|---|---|---|---|
| 대파 | 1200원 | +20% | 1440 | 120% |
| 생수 | 800원 | −10% | 720 | 90% |
| 두부 | 2400원 | +5% | 2520 | 105% |

<지도상 유의점>

2. 이전 가격에서 추가되는 가격을 구하여 더하거나 뺀다. 이전 가격에 대한 새 가격의 퍼센트는 100%를 기준으로 변화의 퍼센트를 더하거나 빼면 된다는 사실을 이해하게 한다.

**3** (1)

| 원래 길이(cm) | 10 | 15 | 20 | 25 | 1 | 2 | 3 | 4 | 5 |
|---|---|---|---|---|---|---|---|---|---|
| 80% 축소 후 길이 | 8 | 12 | 16 | 20 | 0.8 | 1.6 | 2.4 | 3.2 | 4 |

(2) 68cm.

(3) 54.4cm.

### 지도상 유의점

3. (2) 80cm는 64cm로, 5cm는 4cm로 축소되므로 68cm가 된다.

| 원래 길이(cm) | 10 | 80 |
|---|---|---|
| 80% 축소 후 길이 | 8 | 64 |

×8

(3) 60cm는 48cm로, 4cm는 3.2cm로 축소되므로 48+3.2+3.2=54.4(cm)이다.

| 원래 길이(cm) | 10 | 60 |
|---|---|---|
| 80% 축소 후 길이 | 8 | 48 |

×6

## 상상 + 논술

**예**
- B5에서 A4로 바꾸려면, 15% 확대 복사하면 된다.
- B4에서 A4로 바꾸려면, A3에서 B4로 바꿀 때보다 5% 더 축소 복사하면 된다.

**예**
- 게임 CD가 제일 많이 할인된다.
- 할인은 게임 CD가 많이 되어도 가격이 비싸서 살 수 없다.

### 지도상 유의점

**다음과 같은 질문을 한다.**

- B5 → A3로 바꾸려면 비율을 어떻게 조정해야 할까?
- A4 → B4로 바꾸는 비율과 B5 → B4로 바꾸는 비율은 얼마나 차이가 날까?

**다음과 같은 질문을 한다.**

- 가장 많이 할인하는 품목은 무엇인가?
- 할인 받을 수 있는 금액을 %로 고쳤을 때, 가장 수치가 높은 품목은 무엇일까?

memo

memo

memo

# 수리논술 시대에는 수학 교과서도 달라져야 한다!

수학 학습은 문제 해결 능력입니다. 문제 해결은 정답만을 구하는 것이 아니라 해답에 이르는 열쇠를 찾아가는 것을 뜻합니다. 이를 위해서는 스스로 패턴을 발견하고 생각할 수 있는 능력이 필수적입니다. 이 책은 아이들이 진정한 배움에 이르도록 수학을 어떻게 가르치는 것이 바람직한가에 대한 고민을 담았습니다.

실제로 경험하는 상황에서 수학적인 원리를 자연스럽게 이끌어 낼 수 있다면 얼마나 좋을까요? 그런 점에서 이 책은 새로운 수학 교육의 모델을 제시하고 있습니다. 개념을 먼저 설명하기보다는 문제를 풀어가면서 아이들이 스스로 수학을 만들어가기 때문입니다. 창의적인 아이로 키우고 싶다면 이 책으로 아이들과 함께 놀면서 수학의 자유를 느껴보시기 바랍니다.
— 이경화, 한국교원대학교 수학교육과 교수

아이들뿐만 아니라 교사들과 부모들도 수학을 새롭게 발견할 수 있는 책! 이 책이라면 수학을 끔찍해 했던 부모들도 수학을 친근하게 생각할 것입니다. 물론 아이들도 학교에서 배우지 못했던 수학적 추론을 이 책으로 경험할 수 있을 것입니다.
— 강완, 서울교육대학교 수학교육과 교수

교육 현장에 있으면서 늘 안타깝게 생각하던 수학 교육에 대해 이 책은 참신한 비전을 보여주고 있습니다. 개념 설명과 문제 풀이로 이어지는 답답한 교육에서 벗어나, 개념을 학생 스스로 만들어가는 과정이야말로 21세기가 요구하는 창의적인 인간을 키울 수 있다고 생각합니다. 학교에서도 학원에서도 수학 교육이 불만족스러웠다면 이 책을 적극 추천합니다.
— 박보영, 광양제철남초등학교 교장

우리 생활 속 이야기에 빠져 하나하나 문제를 해결하다보면 나도 모르게 수학의 원리를 익히게 되고 수학적인 사고력도 쑥쑥 늘어나며, '아! 수학이라는 것이 항상 우리 곁에 있는 공기 같은 것이구나'라는 생각을 하게 되는 재미있는 수학책! 이야기하듯 놀이하듯 풀다보면 '어? 우리 생활 속에서 무심코 하던 이 모든 것이 수학에서 나온 것이란 말이야?'하는 생각을 하게 되는 재미있는 수학책! 여러분들이 이 책으로 공부한다면 수학 때문에 머리 아플 일은 없을 것입니다.
— 심옥령, 영훈초등학교 교감

# 다시 가슴이 먹먹해진다

― 소설가 김인숙

### 꼬마악동 제제의 슬프고 아름다운 동화

**초등학생을 위한 나의 라임오렌지나무**
J. M. 바스콘셀로스 지음 | 박동원 옮김 | 최수연 그림 | 9,000원

너무도 일찍 슬픔을 발견한 다섯 살 꼬마 제제의
가슴 저미는 이야기

### 나의 라임오렌지나무, 두 번째 이야기

**초등학생을 위한 햇빛사냥 ❶ ❷**
J. M. 바스콘셀로스 지음 | 박원복 옮김 | 최수연 그림 | 각권 7,500원

낯선 곳으로 입양되어 겪는 가족과의 갈등, 사랑의 슬픔,
미래에 대한 불안 등 제제의 십대 시절 이야기

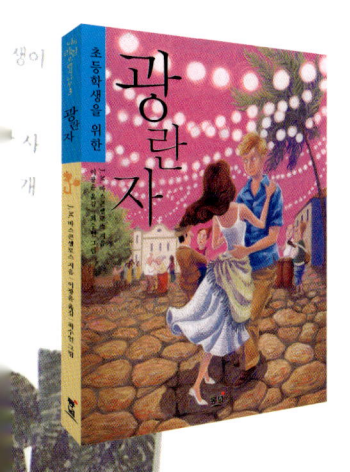

### 나의 라임오렌지나무, 세 번째 이야기

**초등학생을 위한 광란자**
J. M. 바스콘셀로스 지음 | 이광윤 옮김 | 최수연 그림 | 7,500원

열아홉 제제에게 찾아온 지독한
사랑의 열병과 뿌리치기 힘든 방랑의 유혹!

memo